1 MONTH OF
FREE
READING

at

www.ForgottenBooks.com

By purchasing this book you are eligible for one month membership to ForgottenBooks.com, giving you unlimited access to our entire collection of over 1,000,000 titles via our web site and mobile apps.

To claim your free month visit:

www.forgottenbooks.com/free368177

ISBN 978-0-484-45981-5
PIBN 10368177

L'abbé **ETIENNE BLANCHARD**

En Garde !

Termes anglais

ET

Anglicismes

Dans le commerce, les relations sociales,
les conversations, les journaux,
à la ferme, au Parlement,
etc.

Auto.. Préface.

———

D'une conférence sur le Bon Parler Français faite devant quelques auditoires assez
indulgents pour y porter intérêt, je suis
devenu le présent opuscule. Le public s'in-
téressera-t-il aussi à moi? J'ose l'espérer.

Pour que mon apparition coïncide avec
le Congrès de la Langue Française, il m'a
fallu être rédigé d'une façon quelque peu
...électrique.

Je dois la vie à un sentiment de patriotisme. L'auteur a voulu faire de moi un ouvrage de propagande. Ma toilette est pauvre, mais j'en suis heureux. Elle me per-
mettra de pénétrer plus facilement dans les
humbles foyers.

Fils de la Vieille France qui me lirez,
fermez les yeux sur mes imperfections et
ouvrez votre cœur à la sympathie. La langue française qu'on immole, c'est la vôtre
autant que la nôtre.

Canadiens-français des Etats-Unis, d'Ontario et de l'Acadie, vos frères de la Province de Québec vous pardonneront d'avoir

un peu inoculé à leur langue le mal qui me-
nace de la dévorer, mais, à condition que
vous leur donniez la main et unissiez vos
efforts aux leurs pour traquer l'anglicisme
jusque dans ses repaires.

Si je puis contribuer à vous faire tenir
"EN GARDE!" et vous aider à corriger
une couple d'expressions franco-anglaises,
mon existence se trouvera amplement jus-
tifiée.

Signé: E N   G A R D E!

Pour copie conforme :

L'abbé Etienne Blanchard,

Weedon, Comté de Wolfe,

P. Q.

20 juin 1912.

N. B. — Auteurs consultés : RINFRET,
"Dictionnaires de nos fautes"; Benjamin
SULTE, Arthur BUIES, Lionel MONTAL, etc.

L'AUTEUR.

EN GARDE!

I

L'anglicisme, voilà l'ennemi!

Dans la richesse de son langage imagé, la Sainte Ecriture contient des aphorismes qui, en différentes circonstances de la vie, sont d'un singulier à-propos. Le texte suivant est surtout frappant: "*Omnia tempus habent;... tempus loquendi et tempus tacendi*". Eccl. III, 7. "Il y a un temps pour parler et un temps pour se taire."

Il en est de même de celui-ci qui est de l'apôtre saint Jacques: "*Linguam suam nullus homo domare potest.*" "Aucun homme ne peut dompter sa langue."

Ces deux textes de l'Ecriture me laissent indécis, perplexe. Que faire? Parler ou me taire? Pour ma part, je dompterais facilement ma plume inexpérimentée, et

je garderais "de Courart le silence pru-
dent," si je ne considérais que chaque citoyen de notre Province a le devoir de mettre l'épaule à la roue et de contribuer, selon ses ressources, au mouvement généreux
et patriotique qui se fait de ce temps-ci en
faveur du précieux héritage que nos ancêtres nous ont légué, de la langue française.

Il semble qu'il soit grandement temps de
répéter le cri d'alarme, le "EN GARDE!" contre cet ennemi qui a déjà envahi nos murs,
qui s'est attaqué à notre langue, qui la mine
comme le ver immonde s'attaque parfois
aux murs et aux colonnes artistiques des
plus somptueux monuments et les ronge à
tel point qu'on voit compromise la solidité
d'un édifice qui a coûté des sommes énormes et de longues années de travail. La
dénonciation de cet ennemi, c'est le prolongement de la clameur d'alarme lancée au-
paravant par ceux qui ont saisi la réalité,
qui ont compris l'approche du danger, qui
ont touché du doigt la plaie envahissante.

Cet ennemi: C'EST L'ANGLICISME.

Xantus, un certain philosophe, avait comme cuisinier un esclave phrygien nommé
Esope. Un jour, Xantus, qui a dessein de
régaler des amis, lui commande d'apprêter
ce qu'il y a de meilleur.

—"Je t'apprendrai, dit en lui-même le
Phrygien, à spécifier ce que tu désires."

Il ne sert que des langues qu'il a fait accommoder à toutes les sauces.

Les convives apprécièrent d'abord le choix de ce mets; à la fin, ils s'en dégoûtèrent.

—Ne t'avais-je pas commandé, s'écrie le maître ahuri, d'acheter ce qu'il y avait de meilleur?

—Eh! qu'y a-t-il de meilleur que la langue? répond Esope. C'est la clef des sciences, l'organe de la vérité; par elle on instruit, on persuade, on règne dans les assemblées; on s'acquitte du premier des devoirs qui est de prier.

—Eh bien! dit Xantus, qui prétendait l'attrapper, apprête-moi demain ce qu'il y a de pire.

Le lendemain, Esope fait servir le même mets.

—Ah ça! veux-tu te moquer de nous? s'écrie le maître courroucé.

—Pas du tout, reprend l'esclave. N'est-ce pas que la langue est la pire des choses? C'est la mère des procès; la source des querelles et des guerres. Si on dit que la langue est l'organe de la vérité, c'est aussi l'organe de l'erreur, et, ce qui est pis, l'organe de la jalousie, et de la haine. Par elle, on sépare les familles, on divise les meilleurs amis. Si, d'un côté, elle sert à prier Dieu ; de l'autre, elle profère contre sa puissance les plus épouvantables blasphèmes.

La langue parlée a les mêmes prérogatives que l'organe de la parole. Une langue bien parlée est la plus belle des choses ; une langue mal parlée, bariolée d'anglicismes, c'est comme le deuxième mets d'Esope : la pire des choses.

II

Beauté de la langue française.

———

Certes, nous n'avons pas à rougir de notre langue! "Elle est si limpide, disait un consul de France au Canada, M. Klezkowski, qu'elle est un filtre pour la pensée, si riche qu'elle peut tout dire, si souple qu'elle sait faire entendre tout ce qu'elle ne dit pas, si ferme et en même temps si douce qu'elle est une caresse pour l'esprit autant qu'une joie pour l'oreille. Elle sait rire; elle sait pleurer; elle sait interpréter la grande voix de la douleur humaine. Elle est reine parmi ses autres sœurs, Sa Majesté la langue française."

A l'éloge de la race qui la parle, la langue française est reconnue aujourd'hui pour la langue des arts, de l'érudition et des belles-lettres. Les littérateurs et les savants de langue étrangère à la nôtre qui se sont illustrés depuis dix siècles, savaient le français. Depuis les siècles nombreux que la France exerce son influence dans les conseils internationaux, on peut dire que c'est en français que l'humanité rédige son histoire. C'est cette langue que parlaient Corneille, Racine, Molière, Fénelon, Bossuet, tous écrivains illustres dont le soleil de gloire illumine encore notre firmament littéraire. On l'enseigne dans tous les pays. A Londres et à New-York, la classe choisie l'apprécie hautement. Il y a dans ces deux villes des théâtres où se jouent exclusivement les dernières productions littéraires du génie français, et ces théâtres sont fréquentés par l'aristocratie anglaise et américaine. Les millionnaires considèrent comme un raffinement d'éducation le fait que leurs enfants sont initiés aux magiques beautés de la langue de Fénelon. C'est à une canadienne-française, Mlle Drolet, de Québec, que revient l'honneur d'avoir été la gouvernante des enfants de Théodore Roosevelt, ex-président et candidat actuel à la présidence des Etats-Unis. C'est elle qui a enseigné aux fils et à la fille de Roosevelt à parler notre langue.

Tous les chefs-d'œuvre français sont traduits en anglais et font les délices des fils de "John Bull" comme de ceux de l'Oncle Sam.

On enseigne le français dans tous les pays, on le parle à toutes les cours royales et on se fait une gloire de le parler à la perfection. C'est en français que Napoléon dictait ses lois aux autres souverains d'Europe devenus ses tributaires. C'est la langue de la diplomatie et des milieux aristocratiques. Dans toutes les cours d'Europe, à Londres, à Madrid, à Rome, à Bruxelles, à St-Petersbourg, à Venise, et même à Berlin, le français est en honneur. Le Kaiser Guillaume, l'éternel et juré ennemi de la République, daigne même laisser tomber de ses lèvres le doux parler de France. Le fils de notre Gracieux Souverain Georges V, le Prince de Galles, est actuellement à Paris où il se familiarise avec notre langue qu'il tient à parler aussi bien que le Roi, son père.

On reconnaît à la langue française tant de précision et de netteté que c'est dans cette langue que les nations signent leurs conventions et qu'elle est ainsi devenue la langue diplomatique par excellence.

Le traité qui a mis fin à la guerre russo-japonaise, l'une des plus sanglantes dans l'histoire de l'humanité, celle qui a teinté de sang l'aurore du vingtième siècle, a été passé aux Etats-Unis devant le président Roosevelt et deux des plus distingués diplomates de la Russie et du Japon ,et c'est en français qu'a été rédigée cette importante pièce diplomatique.

Hors l'**anglicisme** qui ruine et déshonore notre précieux idiome, nous parlons assez bien le français, quoi qu'en disent ces Américains ignares qui prétendent que nous parlons l'argot, le patois, et distinguent notre langue du "Parisian French" ou français de Paris.

Comment pourrait-il se faire que notre français, et surtout celui de la classe instruite, diffère tant de celui de Paris? Les amateurs de lecture la font toujours dans des livres venant de France. Les grammaires enseignées dans nos écoles sont, ou françaises, ou approuvées par les autorités françaises, et il en est de même de nos dictionnaires.

Il est vrai que nous avons conservé dans notre langue des expressions vieillies, des modes de prononciation archaïques, mais nous n'avons pas à en rougir.

Nos pères ont conservé intacte comme un précieux dépôt, la langue que parlait la France du XVIIème siècle, époque de leur émigration au Canada.

M. Chauveau n'écrivait-il pas, il y a cinquante ans: "Le langage des Canadiens les moins instruits est du français, et du français meilleur que celui que parlent les paysans des provinces de France. On ne saurait trop s'étonner de la lourde sottise de quelques touristes anglais et américains qui ont écrit que les Canadiens parlent un patois. Le fait est que, sauf quelques provincialismes, quelques expressions vieillies, mais charmantes en elles-mêmes, le français des Canadiens ressemble plus au meilleur français de France que la langue du Yankee à celle de l'Anglais pur sang."

Il n'est pas étonnant que nos illettrés disent : "Il fait fret"; "c'est étret"; "c'est let"; "il ast adret"; "amiquié"; "tabaquière"; puisque, d'après les vieilles grammaires, les lexiques anciens et les antiques dictionnaires, c'est précisément le langage qu'ont parlé Madame de Sévigné, les Racine, les Corneille et les Boileau et la façon dont on prononçait le français à la cour de Louis XIV, qui était le foyer du beau langage.

Sauf l'anglicisme de malheur, nos illettrés eux-mêmes parleraient encore un français plus pur que celui du paysan de France. Les éminents Français qui sont venus au Canada pendant les dernières années, ont été surpris et charmés du cachet d'atticisme que révèle la langue du Canadien-français. Mgr Touchet, M. Arnould, M. Hugues Le Roux, M. du Roure, l'abbé Thellier de Poncheville, M. Gerlier ne pouvaient entendre parler nos gens sans en éprouver une douce et profonde émotion. MM. Etienne Lamy et René Bazin vous diront la même chose.

Le climat et la topographie de notre pays nous ont parfois obligés de créer des mots

I

que ne possédait pas la langue française, mais sur ce point, nous pouvons nous vanter d'avoir eu la main heureuse. Y a-t-il en effet des mots plus harmonieux et plus expressifs que ces canadianismes: "Sucrerie", "poudrerie," "banc de neige"; "pouvoir d'eau", "la brunante", "bordée de neige", etc.

III

Dangers de l'anglicisme.

Si, à l'instar des langues d'Esope, le français bien parlé est la meilleure des choses, on peut dire avec raison que le français mal parlé, le français bourré et farci d'anglicisme, c'est la pire des choses. Peu à peu, sans s'en apercevoir, on accepte un mot étranger, puis une expression complète, puis une phrase entière. La tournure française de l'esprit se perd graduellement pour être supplantée par la tournure d'esprit anglaise. De la tournure d'esprit, on passe aux usages, aux habitudes, à la mentalité enfin, aux mœurs étrangères, de sorte qu'on peut dire en toute vérité que celui qui perd sa langue perd sa nationalité. C'est pourquoi, de nos jours, les hommes se classent beaucoup plus d'après la langue qu'ils parlent que d'après la race dont ils sont issus.

Celui qui a été bercé dans les bras d'une mère canadienne, qui, assis sur ses genoux, a appris à balbutier, entre les baisers maternels, les sons harmonieux d'une langue dont les premiers mots ont été : Dieu, Jésus, la Vierge Marie, ne peut ensuite, délibérément, abandonner cette langue sans se rendre coupable de félonie, sans commettre le crime de lèse-nationalité.

L'anglicisme est sans contredit le plus redoutable de tous les dangers qui menacent la race et le génie français en Amérique.

A l'anglicisation par la violence ou par voie parlementaire, grâce à Lafontaine et à ses dignes émules et imitateurs, nous avons victorieusement résisté jusqu'à ce jour ; à l'anglicisation sourde et pacifique, nous ne résisterons pas.

Il y a un grand danger pour notre race d'être continuellement en contact avec l'Anglo-saxon. A ce danger se joignent les flots d'une immigration débordante, choisie à dessein de race étrangère. Qu'adviendra-t-il de nous devant l'irrésistible force d'adsorption du peuple anglo-saxon ? L'Angleterre a même absorbé des nations qui l'avaient conquise, comme la race normande. Elle s'est assimilé les Ecossais et les Irlandais. Aurons-nous la force de résister à cette pieuvre dont les tentacules énormes et vigoureuses nous enserrent et meancent de nous confondre avec elle? Pourrons-nous lui résister, si les Ecossais protégés par leurs montagnes, les Irlandais, gardés jalousement par un bras de l'Océan, n'ont pu le faire?

Il y a cinquante ans que la lutte contre l'anglicisme est commencée. En 1860, l'abbé Maguire et le docteur Meilleur y allèrent chacun d'un opuscule. Des ouvrages nombreux ont, depuis ce temps, lutté contre cette plaie sans la guérir; ils n'ont pu qu'en retarder les mortels effets.

Nos adversaires sont souverainement heureux de notre facilité d'assimilation. Nos incessantes concessions les rendent de plus en plus audacieux et exigeants. Avant longtemps, ils demanderont l'abolition de la langue française à Ottawa et soupireront après la disparition de la race qui la parle, et cependant, c'est cette race qui a découvert, colonisé, fertilisé, civilisé et évangélisé le Canada !

Ces aveugles concessions à l'anglicisme sont anticanadiennes et anticatholiques.

Elles sont anticanadiennes parce qu'elles sont le mépris de notre histoire.

"C'est en français, dit l'abbé Roch Magnan, que les Gaulois, nos ancêtres entonnaient leurs chants guerriers. Guillaume le Conquérant l'imposa à l'Angleterre et, jusqu'à Edouard III, les statuts de la Grande-Bretagne furent rédigés en français.

En français, Jacques Cartier écrivit sur la croix qu'il planta sur les rivages de la Gaspésie, en prenant possession du sol de la Nouvelle-France : "Pour le Christ et pour le roi des Francs". C'est encore en français que les pionniers de notre continent ont baptisé nos lacs, nos fleuves, et nos montagnes.

C'est en français que furent signés nos traités de paix, que nos capitaines électrisaient nos soldats sur le champ de bataille, que nos orateurs ont soulevé les masses et provoqué leurs applaudissements."

Ce serait un crime pour le Canadien-français d'abandonner sa langue. Elle est assez glorieuse pour qu'un pareil héritage ne soit pas dédaigné et laissé, comme un objet de rebut, le long du chemin.

Les concessions faciles à l'anglicisme sont non seulement anticanadiennes; elles sont aussi anticatholiques. Elles créent un péril pour la foi. "Qui perd sa langue perd sa foi", est un proverbe basé sur l'expérience. Chacun sent, dit un auteur, que le jour où le doux parler de nos aïeux aura cessé de retentir sur les bords du Saint-Laurent, les "clochers d'argent de nos églises auront fini de se mirer dans les eaux du grand fleuve''. La conservation de sa langue est absolument nécessaire à la conservation de la foi du peuple canadien.

Dès que les Bretons, dit l'histoire d'Angleterre, mêlèrent leur langue à celle de leurs vainqueurs, les Anglo-Saxons, ils devinrent schismatiques.

Le peuple irlandais est-il devenu plus chrétien depuis qu'il s'est laissé imposer le langage de l'Angleterre, depuis qu'il s'est laissé angliciser et américaniser? L'esprit de la race qui l'a englobé le domine, et il est Anglais et Américain avant que d'être catholique.

Le sort de notre foi est intimement lié à celui de notre idiome et la conservation de notre foi dépend de la conservation de notre langue et de nos traditions nationales.

Les chiffres publics sont là pour démontrer que l'anglicisation a fait perdre à l'Eglise des Etats-Unis la moitié de ses enfants.

''L'usage de la langue anglaise, dit un journaliste, en jetant les Irlandais dans des milieux anglo-protestants, est la cause première et principale de cette effroyable trouée dans les rangs de l'Eglise. N'est-il pas vrai que les cas d'apostasie sont extrêmement rares chez les Canadiens-français qui ont conservé leur langue et leurs traditions nationales?

L'Eglise est sévère contre les mariages

mixtes. Elle multiplie les entraves contre ce qu'elle regarde comme la cause principale de la perte de la foi en Amérique. Or, dans quels milieux se produisent ces mariages? N'est-ce pas dans ceux où la langue anglaise réunit protestants et catholiques dans l'intimité du foyer et des réunions mondaines?''

Il y a moins de mariages mixtes entre Canadiens-français et anglo-protestants qu'entre ceux-ci et la race irlandaise. Seule la similitude de langue amène ces alliances regrettables qui ont un désastreux effet sur le maintien de la foi catholique.

Il n'est pas étonnant que celui qui abandonne la langue française abandonne aussi sa foi.

Ce qui nourrit notre foi, ce sont les relations sociales, les conversations, les journaux, les lectures où il est constamment question de Dieu, de la Providence, de la religion et du culte catholiques.

Les conversations, les lectures, les journaux anglais sont neutres ou même anticatholiques.

En vivant dans une telle atmosphère, est-il surprenant que le transfuge à un antre langue respire et s'assimile des idées neutres, pour ne pas dire anti-chrétiennes?

Si nos ennemis en veulent tant à notre langue, c'est qu'ils comprennent qu'elle est le soutien de notre religion. Impossible pour eux de détruire la foi catholique au Canada tant que nous parlerons la langue de nos mères, de nos missionnaires, de nos héros et de nos martyrs.

IV

L'anglicisme nous envahit.

•

Certes, je ne voudrais pas vous conseiller la haine de la langue anglaise; ce serait là une œuvre indigne et criminelle. Entre l'anglomanie et l'anglophobie, il existe un juste milieu qu'il faut savoir discerner. Les deux langues sont nécessaires pour atteindre les plus hautes sphères du commerce, de l'industrie et de la science. Nous ressemblons à l'aigle qui a besoin de ses deux ailes pour s'élever dans les plus hautes et les plus pures régions de l'azur du firmameut.

Il y a quelques années, nous racontait l'hiver dernier un spirituel nouvelliste de la vieille capitale, vivait à Québec un certain Jérôme Pâturot, qui habitait cette ville historique depuis sa naissance inclusivement. Ce n'était pas un patriote vulgaire comme on en voit des tas. Il avait voué aux Anglais une haine implacable. Ses cheveux se hérissaient d'horreur devant tout ce qui était anglais ou qui sentait l'anglais de près ou de loin, et, si le Canada n'était pas débarrassé des liens qui l'unissent à l'Angleterre, ce n'était pas la faute de Jérôme Pâturot, vous pouvez m'en croire.

Il demeurait dans le quartier Saint-Roch parce que c'était le plus français de la ville.

Jamais il ne voulut apprendre le *whist* ni le *euchre* parce que ces jeux sont d'origine anglaise.

Depuis vingt-cinq ans il était uni d'amitié avec la famille Jourdain. Dès que cette famille fut assez peu patriote pour abandonner le quartier Saint-Roch et eut la malencontreuse idée d'aller demeurer rue Richardson, il brisa brusquement les relations amicales et ne voulut plus y mettre les pieds. Il en fut de même pour sa sœur qui demeurait rue Dufferin.

Pour lui faire plaisir, sa femme, le jour de sa fête, lui avait acheté un superbe veston de laine d'Angleterre. Comme c'était un produit de l'industrie anglaise, il ne voulut jamais le porter, et le laissa dormir dans la vieille armoire.

Jamais il ne trempait ses lèvres patriotiques dans le *whiskey*, le *gin* ou le *rhum*, à cause du nom anglais de ces boissons.

ble pour eux de détruire la foi catholique au
Canada tant que nous parlerons la langue
de nos mères, de nos missionnaires, de nos
héros et de nos martyrs.

IV

L'anglicisme nous envahit.

•

Certes, je ne voudrais pas vous conseiller
la haine de la langue anglaise; ce serait là
une œuvre indigne et criminelle. Entre
l'anglomanie et l'anglophobie, il existe un
juste milieu qu'il faut savoir discerner. Les
deux langues sont nécessaires pour atteindre les plus hautes sphères du commerce,
de l'industrie et de la science. Nous ressemblons à l'aigle qui a besoin de ses deux
ailes pour s'élever dans les plus hautes et
les plus pures régions de l'azur du firmament. '

Il y a quelques années, nous racontait
l'hiver dernier un spirituel nouvelliste de
la vieille capitale, vivait à Québec un certain Jérôme Pâturot, qui habitait cette ville
historique depuis sa naissance inclusive-

ment. Ce n'était pas un patriote vulgaire comme on en voit des tas. Il avait voué aux Anglais une haine implacable. Ses cheveux se hérissaient d'horreur devant tout ce qui était anglais ou qui sentait l'anglais de près ou de loin, et, si le Canada n'était pas débarrassé des liens qui l'unissent à l'Angleterre, ce n'était pas la faute de Jérôme Pâturot, vous pouvez m'en croire.

Il demeurait dans le quartier Saint-Roch parce que c'était le plus français de la ville.

Jamais il ne voulut apprendre le *whist* ni le *euchre* parce que ces jeux sont d'origine anglaise.

Depuis vingt-cinq ans il était uni d'amitié avec la famille Jourdain. Dès que cette famille fut assez peu patriote pour abandonner le quartier Saint-Roch et eut la malencontreuse idée d'aller demeurer rue Richardson, il brisa brusquement les relations amicales et ne voulut plus y mettre les pieds. Il en fut de même pour sa sœur qui demeurait rue Dufferin.

Pour lui faire plaisir, sa femme, le jour de sa fête, lui avait acheté un superbe veston de laine d'Angleterre. Comme c'était un produit de l'industrie anglaise, il ne voulut jamais le porter, et le laissa dormir dans la vieille armoire.

Jamais il ne trempait ses lèvres patriotiques dans le *whiskey*, le *gin* ou le *rhum*, à cause du nom anglais de ces boissons.

Il se contentait de la bonne bière de Beauport.

Quand il se couchait sur le côté droit, Jérôme ronflait comme un tuyau d'orgue et
réveillait toute la maisonnée. Sa femme,
après mille tentatives inutiles pour le faire
changer de côté, s'avisa un jour de lui dire
qu'il ronflait comme l'orgue de la cathédrale anglaise. Elle réussit, et Jérôme
changea héroïquement de côté.

Aux fêtes du Tricentenaire, il perdit l'appétit lorsqu'il vit la tournure anglaise ne
mait plus. La vue d'un drapeau anglais
provoquait chez lui des crises d'épilepsie.

consentit à y
rentrer que cinq jours après les fêtes, quand
on lui eut juré que pas un seul drapeau anglais ne flottait sur la ville. Lui qui avait
toujours mené une vie honnête et irréprochable, eut la douleur de voir ses cheveux
blancs souillés durant sa vieillesse. Il dut
comparaître devant le recorder et subir une
condamnation pour voies de faits. Il avait
rossé d'importance et failli assommer un
gamin qui, l'air effronté, sa boîte de cirage
à la main, sa brosse sous le bras, lui avait
un jour, crié en pleine face: "Shine! Shine!
Sir!"

Jamais il ne mettait les pieds dans les
voitures électriques. Il tempêtait chaque
fois qu'il entendait le contrôleur crier:

Il se contentait de la bonne bière de Beauport.

Quand il se couchait sur le côté droit, Jérôme ronflait comme un tuyau d'orgue et réveillait toute la maisonnée. Sa femme, après mille tentatives inutiles pour le faire changer de côté, s'avisa un jour de lui dire qu'il ronflait comme l'orgue de la cathédrale anglaise. Elle réussit, et Jérôme changea héroïquement de côté.

Aux fêtes du Tricentenaire, il perdit l'appétit lorsqu'il vit la tournure anglaise que prenaient ces manifestations. Il ne dormait plus. La vue d'un drapeau anglais provoquait chez lui des crises d'épilepsie. Il quitta la capitale et ne consentit à y rentrer que cinq jours après les fêtes, quand on lui eut juré que pas un seul drapeau anglais ne flottait sur la ville. Lui qui avait toujours mené une vie honnête et irréprochable, eut la douleur de voir ses cheveux blancs souillés durant sa vieillesse. Il dut comparaître devant le recorder et subir une condamnation pour voies de faits. Il avait rossé d'importance et failli assommer un gamin qui, l'air effronté, sa boîte de cirage à la main, sa brosse sous le bras, lui avait un jour, crié en pleine face : "Shine ! Shine ! Sir !"

Jamais il ne mettait les pieds dans les voitures électriques. Il tempêtait chaque fois qu'il entendait le contrôleur crier :

"Transfer for lower town!"—"Transfer for upper town!"

Bref, il aurait été digne de faire le treizième personnage des *Originaux et Détraqués* de Louis Fréchette.

Si les anglophobes du style de Jérôme Pâturot sont tellement rares qu'ils passent pour des phénomènes, il n'en est pas de même de ses antipodes, les anglomanes, et voici pourquoi l'anglicisme nous envahit d'une façon si audacieuse. C'est un ennemi qui nous observe et nous guette partout. C'est la grande tache qui dépare notre langue. Chaque fois qu'il peut s'insinuer et détrôner un mot français, il bat triomphalement des mains. Il prend pour nous inonder la grande voie des livres, des journaux, des magazines, des catalogues commerciaux, des circulaires d'annonce, etc.

De cette façon, les mots anglais se glissent insensiblement dans notre langage usuel et s'infiltrent jusque dans les pages de nos meilleurs auteurs.

Nous sommes rendus au point de nous demander: — De quelle langue nous servons-nous donc pour exprimer nos pensées? On ne parle plus le français ni l'anglais, on ne parle ni l'un ni l'autre. Si l'anglicisme continue de ronger notre langue, un temps viendra où notre excès de cosmopolitisme la réduira au rang de ces patois qui n'ont plus droit de cité parmi les langues dominantes.

V

Causes de l'anglicisme.

Nos relations avec nos compatriotes anglais; les Canadiens-français qui nous reviennent après avoir passé quelque temps aux États-Unis; l'étroite parenté des deux langues anglaise et française; telles sont les trois causes qui favorisent particulièrement l'intrusion de l'anglais dans notre langage.

Nous vivons dans un pays anglais. Nous sommes dans un continuel entourage de fils de la Grande-Bretagne et nous adoptons peu à peu, et à notre insu, d'abord, leur langue, puis leur tournure d'esprit, leurs usages, leurs mœurs.

Notre caractère, notre individualité, notre tournure d'esprit ont encore quelque chose du vieux gaulois, mais notre langue n'est ni gauloise ni saxonne. Si les Canadiens-français ont réussi, suivant une expression pittoresque, à chasser, en grande partie, les Anglais des Cantons de l'Est, "à coups d'enfants", ce qui est un combat bien légitime et les coups donnés ont certainement été plus nombreux que les coups reçus, ils n'ont pas réussi à débarrasser leur langage des expressions hétérogènes que les fuyards y ont laissées.

Ils sont à plaindre, nos Canadiens qui nous reviennent des Etats-Unis avec ce lourd bagage de termes anglais qui, malheureusement, échappe à la douane. Ils en épicent, saturent et sursaturent à souhait leur langage. Ils croient faire parade de science en jetant à tout propos le mot anglais au milieu des phrases les plus françaises. C'est une façon à eux de nous montrer qu'ils ne sont pas allés aux Etats-Unis sans passer par la "déniaise-machine".

Une voie des plus faciles à l'anglicisation est laissée par l'étroite parenté des langues anglaise et française. D'après le statisticien anglais Thommerell, sur 86,000 mots dont se compose la langue anglaise, 20,000 mots sont français, grecs-français, latins-français ou grecs-latins-français, comme : téléphone, automobile, télégraphe, monocle, etc. On voit dès lors le péril pour les deux langues, surtout si les nécessités sociales les font vivre constamment à proximité l'une de l'autre. C'est la marche du pot de fer et du pot de terre et le peu de patriotisme de nos gens fait en sorte que la nôtre soit menacée du même sort que le pot de terre.

Dans la suite des siècles, il s'est trouvé des mots qui ont conservé le même sens dans les deux langues ; d'autres ont une lé-

gère nuance qui les diffère; d'autres se
sont séparés sans retour. Le temps, c'est
un grand maçon qui élève, construit et dé-
molit sans cesse. Il joue ce rôle dans la
signification des mots. Au dix-septième
siècle, les Précieuses Ridicules souffraient
que Corneille parlât des grâces du "sexe
imbécile" et elles en étaient flattées. Voit-
on la tête que feraient aujourd'hui nos suf-
fragettes si un poète audacieux se permet-
tait de louer les charmes du "sexe imbécile"? C'est que jadis, le mot "imbécile"
signifiait "faible"; aujourd'hui, il signifie
"inintelligent", "sot", "abruti"; ce qui
est un effet du temps et de l'usage qui
changent la signification des mots.

Il est des mots qui s'écrivent en français comme en anglais, et qui, à l'origine,
avaient la même signification. Ayant bi-
furqué chacun dans une voie différente, leur
sens s'est modifié, et aujourd'hui, ils ont
chacun un sens différent.

*L'anglicisme consiste à accepter un mot,
une expression, une tournure de phrase qui
a l'allure française, tout en lui donnant la
signification anglaise, de sorte qu'on parle
anglais avec des mots français.*

L'anglicisme a causé des torts incalcu-
lables à notre langue. Nous en sommes in-
festés; il nous déborde et nous inonde.
Semblable à ces bouquets rouges qui ont
pour nom: "l'épervière orangée" et qui en-

sanglantent les prairies les plus fécondes avant de . les ruiner, il menace d'étouffer notre langue dans sa racine. Nos Canadiens sont tellement habitués au mélange des deux langues qu'ils confondent l'ivraie et le bon grain, et ne reconnaissent plus le caractère de chacune d'elles. Il n'est pas possible de parler en même temps l'anglais et le français. De leur mélange inconvenant résulte un baragouin incompréhensible qui se rapproche le plus souvent du turc ou du chinois.

Il faut absolument purger notre langue de ces mots barbares dont le nombre est illimité. Je me bornerai à ceux qui sont le plus en vue, les plus inexcusables et qui s'emploient tous les jours, alors que nous connaissons ou devrions connaître les mots français correspondants, qui sont de beaucoup préférables.

Dénonçons donc les mots anglais parasites et les anglicismes audacieux qui détériorent, déprécient la langue française.

VI

L'anglicisme et le chemin de fer.

Lorsque la locomotive fumante passe dans nos campagnes, semant sur sa route le bien-être, le commerce et le progrès, l'on ne saurait s'imaginer les méfaits dont, en même temps, elle se rend coupable à l'égard de notre langue. Le train bondé de voyageurs et chargé de marchandises crache l'anglicisme en même temps que sa noire fumée, puante de charbon. Le chemin de fer, plus que toutes les autres inventions modernes, est animé envers notre langue de meurtrières intentions. Ecoutez le grotesque charabia que parlent ses employés ainsi que le public voyageur, et vous en serez convaincus.

Messieurs les chefs de gare, et non pas "Messieurs les agents", qui vous donne droit de massacrer ainsi notre langue et de l'immoler sur l'autel de l'insouciance ? Pourquoi appelez-vous "*message*" une dépêche ; "*despatcher*" un expéditeur de trains ;

"*conducteur*", un contrôleur; "*brakeman*", un serrefrein; "*switch*", une aiguille; "*crossing*", passage à niveau, "*rail*", une lisse; "*flag*", un pavillon; "*tie*", un dormant; "*box-car*", un wagon-fermé; "*freight-car*", un wagon de marchandises; "*mail-car*", un wagon-poste; "*char-palais*", un char-salon; "*dining-car*", un char-buffet; "*sleeping-car*", un wagon-lit; "*switchman*", un aiguilleur; "*fast-train*", un rapide; "*ticket*", un billet; "*punch*", un poinçon; "*culvert*", un ponceau; "*connexion*", un raccordement ou une correspondance; "*vanne*", le fourgon de queue; "*l'engin*", la locomotive; "*tank*", un réservoir; "*stop-over*", un arrêt; "*hand-car*", un char-à-bras; "*freight-bill*", un billet de cannaissement; "*baggage-check*", un jeton de bagages; "*shipper*", expédier; "*storage*", consigne; "*satchel*", une valise, "*trunk*", une malle? Ce mot me rappelle le fait d'un journal français qui traduisait: "Grand Trunk Railway", par "Chemin de fer de la Grande Valise"!

Pourquoi dites-vous: "*breaker*", pour mettre les freins; "*switcher*", pour aiguiller; "*puncher*" pour poinçonner; "*tester*" pour éprouver; "*checker les bagages*", *pour* enregistrer les bagages; "*luxury-train* ou train de luxure" pour train de luxe; "*baggage-car*" pour fourgon à bagages; "*perdre son train*" pour manquer son train; "*en temps*" pour à temps; les trains "*connectent à Dudswell*", pour "correspondent ou raccordent à Dudswell"; *envoyer des effets par express*, au lieu de "grande vitesse"; les *expédier par freight*, quand vous devriez dire "petite vitesse"?

Si vous continuez d'appeler "track" la voie ferrée, on vous rangera bientôt parmi les "Détraqués".

Ce que vous appelez *train d'accommodation* est un train-omnibus.

Une gare, c'est le point de départ et d'arrivée des trains. Les stations sont les points intermédiaires où arrêtent les trains. Il faut dire: la gare Union, la gare Bonaventure, la station de Saint-Hubert, etc.

Il bafouille l'anglicisme à plein gosier, le chef de gare qui s'exprime ainsi:

—Ce "*char*" (car), pour "ce wagon" est rempli; le "*cow-catcher*" (chasse-pierre); le train "est *dû*" (is due), pour doit arriver à sept heures; abaissez la "dompe" (dump, remblai); "*l'ingénieur*" (engineer, mécanicien); la "*jonction*" (*junction*, raccordement); "*roadmaster*", ingénieur de la voie; "*siding*", voie d'évitement; "*steam-shovel*", excavateur; "*time-table*", horaire ou indicateur; "*pullman*", wagon-salon ou wagon-lit, suivant le cas; "*opérateur*" (*operator*, télégraphiste); mettre un "*satchel*" (saccoche) au "*parcel-*

office'', pour à la consigne; payer le ''storage'', pour la consigne; *(ship)*, expédier une''*trunk*'', valise; ''*tariff rates*'', (barême); ''*express*'' (messageries); ''*news stand*'', (bazar); *mileage* (série de billets); en cas d'''*émergence*'' (emergency), accident; ''*passe*'' *(pass)*, bon de remise, billet de faveur, etc.

O locomotive bruyante, pourquoi jeter dans notre langue harmonieuse ces consonnances bizarres et cacophoniques qui rappellent ton assourdissant bruit de ferraille!

———

VII

L'anglicisme et le sport.

———

C'est un fait constaté, nous sommes si insouciants, si veules, si peu patriotes, que nous assassinons notre langue tout en nous amusant et c'est dans des ébats joyeux, le sourire aux lèvres que nous lui portons les coups les plus meurtriers.

Y aurait-il moins d'entrain sur un champ de balle que sur un ''base-ball field''? Les mots: *arbitre, bloqueur, lanceur, receveur, attrappeur*, ne valent-ils pas les mots : "*um-pire*", *short-stop*", *pitcher*" et *catcher*" ? Ne serait-il pas mieux de dire : 1er, 2e et 3e but, plutôt que : first, second et third base ? Les expressions : "first, second et third fielder" ne seraient-elles pas avantageusement remplacées par 1er, 2ème et 3ème voltigeur ? Les joueurs seraient-ils plus essoufflés s'ils jouaient neuf "manches" au lieu de jouer neuf "innings" ? Il faudrait aussi substituer équipe à "team", balle-au-champ à "base-ball" ; hors jeu, à "out" ; frappeur à "batteur" ; "tour complet" à "home-run".

Vu la grande vogue du jeu de "hockey", personne n'est excusable d'ignorer que ce jeu s'appelle "le gouret".

Vous qui fréquentez les champs de course, vous gagneriez aussi bien vos paris en disant : "une belle course" plutôt que "*une belle race*" ; un bon trotteur plutôt qu'"*un bon runner*", qui fait son mille en moins de trois minutes, plutôt que "en dedans de trois minutes". Je savais qu'un cheval pouvait courir en dedans de la piste, mais je me demande comment il peut faire pour courir "en dedans de" — inside of — trois minutes.

Quand vous allez à la pêche, servez-vous de filets et non pas de "nets".

Si vous preniez une chaloupe, une embarcation, une barque au lieu d'un "boat", vous seriez plus patriote. Méfiez-vous des bateaux à "gaz'leene"; ceux à gazoline sont préférables.

Voyez le vertigineux automobile, avec un assourdissant teuf-teuf, galoper nos campagnes, dans une allure endiablée. Dès que retentit le son de sa corne d'alarme, imitant parfois le cri d'un cochon égorgé, le paisible cultivateur arrête sur-le-champ sa poussive Rossinante. A son aspect diabolique, le cheval le plus abattu devient un indomptable Bncéphale! Les bœufs, traînant, d'un pas docile et lent, non pas les rois fainéants, mais l'habitant méditatif et rêveur, se lancent sur les clôtures d'un air effarouché. Les volailles qui, sous l'œil paterne de Chanteclerc, picorent dans le chemin du Roi, transformé en basse-cour, s'enfuient éperdûment; rasant le sol de leurs pattes pendantes, elles voltigent vers la maison en poussant des cris de frayeur. A ce bruit infernal, le chien qui sommeille à l'ombre de la galerie, s'élance comme un boulet, en aboyant avec fracas, à la poursuite de ce nouvel hippogriffe. Putois nouveau genre, l'automobile combat ses ennemis en leur lançant à la figure son essence empestée.

Quand le nuage aveuglant de poussière aura disparu, vous serez à même de constater les désastres causés par le cyclone dévastateur. Les voyageurs, culbutés sur le chemin par l'écart violent d'un cheval vicieux, se relèvent en secouant la poussière qui les couvre et en tâtant leurs membres, afin d'être bien certains qu'il n'y en a pas de brisés ni de disparus. Sur la route poussiéreuse, ici et là, sont semés les restes ensanglantés, les lambeaux sanguinolents de l'arrière-garde du troupeau de dindons qui n'a pu fuir avant l'arrivée du monstre. Que de désastres accumulés par un seul auto en quelques secondes !

Si l'habitant indigné vocifère contre la "tente-chevaux", cause de tous ces méfaits, l'amateur de beau langage, le consciencieux puriste se dit à son tour que l'automobiliste effronté et audacieux, de son baragouin incompréhensible, comme un barbare vandale, violente, perturbe et saccage les champs fleuris de la langue française.

Prêtez l'oreille au langage bizarre qu'il éructe :

Un des *"rubber-tire"* est *"busté"*; l'*"axle"* est brisé; le *"bogie"* ne veut pas *"mouver"*; le *"burner"* est nsé; le *"body"* est avarié; les *"breaks"* ne fonctionnent pas; le *"dash-board"* est sali; l'*"exhaust"*, le *"governor"*, le *"jack"*, la *"non-skid-chain"*, la *"screen"* sont autant de mots exotiques dont est composé son bizarre vocabulaire.

Pourquoi ne pas dire plutôt : Un des pneus est dégonflé; l'essieu est brisé, l'avant-train ne veut pas pivoter; le brûleur est usé ; les freins ne fonctionnent pas ; la carrosserie est avariée ; le tablier est sali ; la manivelle est dangereuse ; l'échappement le régulateur, le cric, la chaîne anti-dérapante, la bougie, les ressorts, le brise-vent ? Ces mots d'un pur français ont une signification autrement plus précise que leurs quasi-équivalents anglais.

———

VIII

L'anglicisme et le commerce.

———

Je vous ai donné quelques échantillons de la prose de nos employés de chemin de fer et de nos touristes ; passons maintenant à celle non moins alourdie d'anglicisme de nos hommes d'affaires.

De toutes les classes de la société, celle qui est la plus gangrénée par l'anglicisme, c'est la classe commerciale. Les hommes d'affaires sont les plus dangereux anglicisateurs qui existent, car eux, ce n'est pas par oubli, par inconscience, par laisseraller qu'ils bariolent bizarrement leur conversation journalière de mots anglais, mais

par une profonde et indéracinable conviction. L'anglais, c'est la langue du commerce, bon! personne ne leur fera sortir ça
de la tête!

Ils sont convaincus qu'un marchand qui
tiendrait au français dans son commerce,
serait immédiatement voué, sa vie durante,
à demeurer vendeur de bonbons et de pains
d'épice, et que jamais il ne monterait aux
sommets où se pavanent les marchands de
gros. Par un sot et imprudent snobisme,
ils vendent aussi facilement leur langue
qu'ils brocantent leur poivre, leur sel, ou
une verge d'indienne. Nous ne saurions
trop gémir sur nos malheureux compatriotes qui sacrifient aussi brutalement leur
langue sur l'autel du dieu Dollar.

L'enseignement commercial dans notre
Province contribue beaucoup à former cette
étrange mentalité. L'on répète et l'on
rebâche sans cesse aux jeunes éphèbes, que
l'anglais est tout à fait indispensable dans
le commerce et ils en concluent que le français n'y joue qu'un rôle secondaire. L'on
consacre à l'enseignement de l'anglais plus
de temps qu'à celui du français. A part
le catéchisme et la grammaire française,
à peu près toutes les autres matières sont
enseignées en anglais. Non seulement la
tenue des livres, mais le calcul, l'arithméti-
que, la loi commerciale, la géographie sont
montrés en anglais. Qu'arrive-t-il? L'é-

lève prend l'habitude de l'anglais, sa mentalité s'en sature, sa phraséologie s'en surcharge et lorsqu'il cherchera le mot propre devant s'appliquer à tel ou tel objet, sera-t-il étonnant que le mot anglais se présente toujours le premier, à l'exclusion du mot français?

Comme il n'aura pas fait d'études littéraires et ne connaîtra qu'imparfaitement la signification des mots français, il lui sera quasi-impossible de saisir la ligne de démarcation existante entre les deux vocabulaires, français et anglais. Ce sera alors l'inévitable mélange des deux langues auquel, même les puristes, n'échappent que difficilement. Le Français a sa littérature commerciale tout aussi riche et tout aussi précise que l'Anglais, mais comme l'enfant n'y aura jamais été initié, il emploiera forcément le vocabulaire anglais. Pour sa clientèle française, il lui faudra traduire en français, dans les annonces et la réclame, son encombrant vocabulaire de mots anglais. C'est alors qu'il fera publier dans les journaux ces annonces incompréhensibles qui défieront tous les dictionnaires, véritables casse-têtes chinois, dont seuls les déchiffreurs de rébus parviendront à comprendre le sens. Comme il est impossible de parler en même temps, avec les mêmes mots, le français et l'anglais, le nouveau commerçant se composera une espèce de langue hybride qui sera ni le français ni l'anglais, mais du chinois ou du turc, si ce n'est de l'algonquin ou de l'iroquois. Sa comptabilité sera faite en anglais; d'ailleurs, "comptabilité", c'est une expression qu'il semble ignorer. Vous n'entendez jamais d'autres mots sortir de sa bouche que "book-keeping", "book-keeper", "day-book", "journal", "ledger".

Entrez dans cette épicerie dont vous avez vu la veille, dans le journal local, la barnumesque annonce. La clientèle est exclusivement française et pas un seul des clients qui ne comprenne le français. Pourquoi donc grince au-dessus de la porte, en lettres bizarres, peintes d'un jaune criard, cette étrange enseigne: "J. Grosjean, Grocer"? Sur les en-têtes de lettres et de factures, sur le coin des enveloppes, toujours le même nom qui tire l'œil et fait frémir la chair comme le grincement d'une lime sur une mauvaise scie. Ecoutez-le vous offrir sa marchandise: "Il a du bon "cannage" à vous vendre, du lard "canné", du bœuf "canné", du "chiken canné", des "beans cannées", des "tomatoes en can", du "corned beef en can"; puisque toutes ces marchandises sont boîteuses et ont besoin de cannes, pourquoi ne pas dire aussi: du porc frais en béquilles. Tout cela vous est offert "cheap" pour du cash" et M. le Grossier — pardon, le Grocer — s'engage à vous faire "*délivrer*" cela à domicile à toute heure.

Qu'aimez-vous en fait de "*cheese*"? Il a un bon "*stock*" de "*turkeys*" d'arrivé pour la "*Christmas*"; tous sont bien "*fleshy*". Faites vos "*shoppings*" au plus tôt, car son "*boy*" va s'absenter bientôt pour prendre ses "*holidays*" du "*New-Year*". Il a aussi du bon "*catsup*" des "*pickles*", des *cabbages*", des "*turnips*", de la "*balle-au-nez*", (*Bologna, saucisse de Bologne ou mortadelle*), du "*ham*", etc.; achetez, achetez, bon marché, "*cheap*", ne vous gênez pas; pas besoin d'autre chose? Here is the "*bill*". "*Avez-vous besoin*" (do you want) de "*cream-puff*", de "*popped corn*", de "*ice-cream*"? C'est le temps.

Le Parisien qui entendrait un tel langage se demanderait avec raison s'il a affaire à un Patagon ou à un Sioux, et se rappellerait forcément la Tour de Babel ou confusion des langues.

Il ne vous laissera pas partir sans vous inviter à lui "*payer*" une visite. Si vous ne pouvez pas venir, il pourra "*call-er*" chez vous.

"*Any how*", vous pouvez toujours l'appeler par le "*phône*". Son "*number*" lui, c'est "*seven-two*". *Good bye!*

- Résistez à la tentation qui vous torture de répondre : "*Go to...... avec ton langage de Papou''!* et passez chez son voisin, le marchand de nouveautés.

N'allez pas l'appeler un marchand de nouveautés, celui-là, car il n'y comprendra rien. Voyez son annonce : Marchandises sèches (dry goods) comme si celles de son voisin étaient humides ou mouillées. Que désirez-vous? Un *"suit"*. En voici un *"fine"*. Le *"coat"* est de première qualité mais un peu *"tight"*. En voici un plus *"loose"*...*Very well*, il montre *(shows)* bien. Pour un *"ten"*, apportez-le.

Désirez-vous des *"shoes"* avec de *"rubber-heels"?* En voici de belles en cuir *"patente"*, toujours claires, pas besoin de les *"shiner"*. Désirez-vous un *"suit-case"* ou un *"satchel"?* en voici un beau *"en alligator"*.

Pas besoin d'un capot de *"racoon"*, bon *"stuff"?* C'est une *"clairance"*. Profitez-en pour faire de bons *"bargains"*. Aussi, des *"rugs"* de première classe à vendre, gros *stock*, des capots de *"rubber"*, etc.,

Le voisin, c'est un agent d'immeubles. Il ne connaît pas le mot, mais il fait parfaitement la chose. Pour lui, c'est un *"Real-Estate agent"*. Vous êtes pauvre comme Job, vous n'avez pas d'argent à *"investir"* (to invest). Passez tout droit: *"Next door"*.

C'est un quincaillier: *"hardware"*, pour le propriétaire. Si vous désirez un "*wrench*", (clef anglaise), des "*bolts*", (boulons), des "*screws*", un "*pen*-knife", des "*pipes*", (tuyaux). Profitez-en.

Des "*stores*", toujours des "*stores*", puis une "*barber-shop*". Arrêtez vous faire "*shaver*", à cette "échoppe de barbares"! Entendez-vous le clic-clic du "*clipper*" (tondeuse)? Que désirez-vous? Un "*hair-cut*" (coupe de cheveux)? une "*shave*" un "*shampoo*"? Il suffira peut-être de vous "*trimer*", (rafraîchir) la chevelure. Entendez chanter le rasoir sur la "*strap*"; prenez garde, il va être "*sharp*".

Madame veut arrêter chez la modiste. C'est ici. Voyez: "*Millinery*". Arrêtez avec Madame. Elle désire un "*merry-widow*". C'est un peu démodé! Comme il y a parfois à la maison guerre offensive et défensive, elle sera peut être mieux de s'acheter un "*dreadnought*"! Quant au volume et au prix, il n'y a presque pas de différence. Encore des mots anglais: "*hat*", "*sash*", "*stocking*", "*ribbon*", "*braid*", "*coat*", "*lace*", etc.

La mode est pourtant parisienne. Voyez les revues de mode anglaises ou américaines: les mots français y foisonnent. La modiste, mais elle serait malade si, là où les Anglais ont adopté le mot français, elle ne leur damait le pion en inventant des mots que les Anglais eux-mêmes n'ont pu trouver.

Voulez-vous d'autres anglicismes des plus carabinés que le commerce est coupable d'avoir inoculés à notre langue?

Un magasin à *"département"* pour "magasin à rayons". Département, en français est un terme géographique.

Cette crème *"goûte"* (tastes) bon, pour *"a bon goût"*. Une personne peut goûter, mais non une chose.

Cela *"montre"* bien (shows well), pour *"paraît bien"*.

La *"balance"* d'une somme pour "différence. Balance, en français, est un instrument à peser.

Avez-vous du *"change"?* Encore un anglicisme. Il faut dire de la "monnaie".

"Entrer dans les livres" (enter in the books), pour "inscrire aux livres".

"Place de manufacture", pour "site propice à une manufacture".

Ce qu'on appelle *"tapisserie"*, (tapestry), doit se dire "papier tenture".

Pourquoi dites-vous *"des argents"* (moneys,) pour des sommes quelconques? Pour être logique, vous devriez dire: des ors, des nickels, des cuivres, des papiers!...*"Délivrer"*, pour "livrer" de la marchandise à domicile, ne vaut guère mieux.

On dit: *"faire une demande"* et non "une application". On fait une application de fer rouge, d'emplâtre, de sangsues, mais non d'emploi.

"*Clairer son stock*", pour se débarrasser de ses marchandises.

Un stock d'indienne" : "Un assortiment, etc."

Combien "*chargez-vous?* (to charge), est affreux. Dites : Quel est le prix, etc.

Un voyageur de commerce a tort de dire qu'il "marche dans les *marchandises sèches*". Sa branche de commerce, et non pas "*ligne*" de commerce est la nouveauté.

N'est-il pas absurde de dire qu'une manufacture, une mine, sont "*en opération*" (in operation). Si vous voulez être compris d'un Français, dites : "en fonctionnement".

Un financier n'"*anticipe*" (anticipate) pas de bonnes affaires, mais il les augure, les prévoit.

On ne dit pas qu'un homme est "*qualifié*" (qualified) pour faire une chose, mais "compétent" à faire cette chose.

Les expressions : "*File*", "*filer*" des lettres doivent être remplacées par : "*classeur*", "*classer des lettres*".

Encore d'autres : "contracteur" (contractor), pour : entrepreneur; "*laisser*" (leave), pour quitter les affaires; "*typewriter*", pour clavigraphe; "*prémisses*", (premises), ce qui en français signifie les deux premières propositions d'un syllogisme, pour : maison, dépendances; lettre "*enregistrée*" (registered), pour "recommandée"; prendre un *"ordre"* (order), pour une commande; *"order"*, pour commander de la marchandise; du *"candy"*, pour des bonbons.

Un bon *"bargain"* est un bon "marché".

Fleur (flour), se confond à tort avec farine.

Vous savez sans doute que des *"simples"* et des échantillons sont la même chose. Vous seriez *"simples"* de ne pas le croire.

Des malins traduisent: *"House for sale"* par "Maison fort sale", au lieu de *"à vendre"*. Voyez l'équivoque!

On n'envoie pas des effets *"sur approbation"*(*on* approbation), mais *"à condition"*, *"au choix"*, etc.

On ne *"sauve"* pas de l'argent (to save), mais on épargne, ménage de l'argent, du temps, etc.

Auditer (audit) des comptes, *auditeur* (auditor), c'est de l'anglais tout pur. Il faut dire: Vérifier des comptes, expert comptable. Il en est de même de *backer* (to back), appuyer un marchand; *bill*, (facture, compte, note, mémoire), *canceller* (cancell), contremander, radier; *charbon mou* (soft coal), houille grasse; *charbon dur* (hard coal), houille maigre; *checker* (check), vérifier un compte; payer par *check*, (chèque); *clairer* (clear), congédier un commis; *clairer*, pour *faire* un profit de dix pour cent; *stuff de première classe* (first class); drap de première qualité; *collecter* (collect), récouvrer; *collecteur*, percepteur; *collection*, perception, ou recouvrements; une famille *commerciale* (commercial), pour commerçante; *compétition* (competition), concurrence, rivalité; *contracter, contracteur* (contract), pour entreprendre, entrepreneur; *corn-starch*, amidon; *département des modes*, pour comptoir, rayon des modes; *diary*, (agenda); *directoire* (directory), pour annuaire des adresses, ou "Bottin", comme à Paris; *discount*, (escompte); *drab*, (étoffe beige); *duster*, (cache-poussière); *fastener*, attache-feuilles; papier *foolscap*, papier écolier; payer une propriété par *instalement* (instalment), versement; *job de marchandises sèches*, solde de nouveautés; *sweater*, tricot; gants de *kid*, *cheveau*; chapeau de *Leghorn*, de Livourne; meubles en *mahogany*, (acajou); manufacture employant cent *mains* (hands), ouvriers; livres de *seconde main* (second-hand), d'occasion; *maller* (mail), mettre une lettre à la poste; *map*, carte; *money* order, mandat de poste ou mandat d'express, selon le cas; *motor-man*, mécanicien; *opposition*, concurrence; *pad*, bloc-notes; *passer* (pass), pour signer, souscrire un billet; *patente* (patent), brevet; *pea-nut*, pistache; *pawn-shop*, magasin d'occasion, mont-de-piété; *peppermint*, pastilles de menthe; *pop-corn*, maïs grillé;

Poste-carte (post card) carte postale ; *poster* (post), mettre une lettre à la poste ; actions *préférentielles*, (privilégiées) ; *shares*, actions ; *partir* (start), pour fonder un journal ; *partir quelqu'un*, le commanditer ; les *quotations*, cotes de la Bourse ; *rencontrer*, pour *faire* un paiement ; personne *responsable*, solvable ; *safe*, coffre-fort ; *strap*, courroie ; *stuff*, drap, étoffe, matière ; *timekeeper*, pointeur ; *trust*, monopole ; *truster*, avoir confiance en quelqu'un ; *valoir* (be worth), pour *posséder*, etc.

IX

L'anglicisme et l'annonce.

Dans son bizarre volume intitulé : "Sourires Littéraires", Léo Claretie consacre un intéressant passage à l'annonce. En France, le calembour est toujours apprécié, même dans les circonstances de la vie qui ne l'exigent pas fatalement et où l'on pourrait facilement se passer de la plaisanterie. Le trafic et le commerce en usent et mêlent l'équivoque aux affaires. Ces enseignes amphigouriques suspendues aux potences de fer, rient et grincent par les rues étroites, au-dessus des passants amusés. Un cabaretier, tenant boutique en face du cimetière du Père Lachaise, et assommant ses clients à coup d'absinthe, a flanqué au-dessus de sa porte cette enseigne lugubrement facétieuse: "Ici, on est mieux qu'en face".

L'érudit libraire fait peindre une vieille femme qui scie une anse et intitule ce placard: "À la vieille science (scie-anse).

Quand il se promène dans les rues de nos villes canadiennes, le passant amusé trouve en matière d'affiches des clowneries pour le moins aussi rigolotes que les annonces françaises et nos marchands nous fournissent cette littérature pétrie de quiproquos, non pas par plaisanterie, mais avec un sérieux tout à fait philosophique. Rien d'amusant comme la façon dont ils traduisent sur leurs étiquettes d'annonce la réclame de marchandises de provenance anglaise. Regardez dans les vitrines et voyez les traductions funambulesques qu'ils nous fournissent: "Magic Corn Salve" "Onguent Magique pour blé-d'Inde". Autrefois, on se contentait de cultiver les "oignons" sur ses extrémités pédestres; voilà maintenant qu'on y récolte le blé-d'Inde. Bientôt, je suppose, ce sera le reboisement des forêts et les lots ouverts à la colonisation!

Voici une autre de ces traductions acrobatiques: "Ladie's furs", "fourrures laides". Vraiment, en fait de réclame, on pourrait trouver mieux.

Où conduit l'anglomanie!

Et encore celle-ci, à l'entrée d'un parc public: "Trespassing forbidden", "Il est défendu de trépasser". Défendu de mourir! C'est trop fort. Le poète, parlant de l'invincible Camarde, dit que le gardien de la Porte du Louvre, n'en défend pas nos rois, et voici que de brutaux anglomanes veulent interdire la mort à la mortelle humanité l Cela bat les sectaires francissons et les petits Voltaires affichant à un lieu de pèlerinage :—

De par le Roi, défense à Dieu
De faire miracle en ce lieu.

Je suis sûr qu'avant longtemps, avec l'anglomanie qui les caractèrise, nos annonceurs nous serviront des traductions comme celles-ci:

Real Estate, "Etat Réel"; Salted Peanuts, "Peanuts solides"; "Business firm", Affaires fermes; "Side-board", (meuble), "Pension à côté", etc.

D'où vient donc cette manie d'employer l'anglais et l'anglais seul dans l'annonce. Les Chiniis et les Juifs, en pays étrangers, n'ont pas honte d'afficher dans leur propre langue; pourquoi les Canadiens-français auraient-ils honte de la leur dans leur propre pays? Pourquoi, sur la même affiche, cette étrange accolade de noms français et de titres anglais? L. Hamel, tinsmith; H. Chagnon, lumber; J. Rouleau, baker; A. Gosselin, grocer; V. Landry, tabaconist; F.-X. Fontaine, carpenter?

Dans un village de campagne, où il n'y a pas un seul anglais, on voit parfois des annonces complètement anglaises. Ces maniaques de l'anglais, puisqu'ils manifestent tant de mépris pour leur langue, mériteraient que la clientèle française s'abstienne de les encourager. Ils crieraient bientôt famine et le cri du ventre, sinon le cri du cœur, leur ferait franciser leurs réclames.

Au temps de Noël et du Jour de l'An, il est d'usage chez les marchands de faire de la réclame au moyen de calendriers distribués aux clients. Outre le titre et la qualité du vendeur, vous y voyez toujours, c'est immanquable, cette bourde monumentale: "Compliments de la saison". Une saison ne peut offrir de compliments, puisque c'est un être abstrait. Le Bonhomme Hiver nous offrir des compliments! C'est de l'ironie de sa part, lui qui nous fouette toute la saison de sa brise glaciale.

Outre qu'ils sont antipatriotiques et antisensés, ces calendriers sont souvent antichrétiens. Quel décolletage sur ces papiers bariolés! Quel dévergondage d'allures dans les scènes qui y sont représentées! Le malheur, c'est que dans nos bonnes familles chrétiennes, le calendrier de mauvais goût a détrôné le Crucifix et l'image sainte qui faisaient l'ornement des murs de l'humble demeure de nos pères.

On rencontre encore sur les annonces de journaux et les affiches les expressions suivantes qui ne sont ni plus ni moins que de l'anglais fardé de français. Une anglaise aura beau s'habiller à la parisienne, se coiffer, se poudrer, se farder, se vêtir à la dernière mode de Paris, ce sera toujours une anglaise. Il en est de même d'un mot anglais ou américain habillé à la française.

Voici quelques-unes de ces expressions:

—*Pas d'admission* (no admission) entrée interdite; *appartement* (apartment), chambre; *Boomer* (boom), pousser une ville; un *boom* de mines, une fièvre de mines; *votre choix* (your choice), à choisir pour un dollar; *débentures*, pour obligations d'une ville; *Place pour* (place for) un magasin, site propice à un magasin; *plombeur* (plumber) plombier; "*briqueleur* (brick-layer), briquetier; *auto-driver*, chauffeur; *collecteur* (collector), percepteur; *auditeur* (auditor), comptable ou expert comptable; *fourniture* (furniture), meubles; *licencié* (licensed), autorisé à vendre des spiritueux.

X

L'anglicisme et les noms de famille.

Les enseignes ainsi conçues : Fontaine ;
shoemaker ; Véronneau, plumber ; Dupré,
carpenter ont l'air baroque : elles tirent
l'œil. Après avoir mis en anglais le nom de
leur métier, nos bons anglomanes ont fini
par angliciser leurs noms de famille. C'est
ainsi que l'on en est venu à faire les tours
de force suivants ; Labonté est devenu :
Goodness ; Landry, *Laundry ;* Legris, Grey ;
L'Enfer, H*ell ;* Trudeau, W*aterhole ;* L'E-
cuyer (La cuiller), *Spoon ;* Fontaine,
F*ountain ;* Leblanc, W*hite ;* Boileau, *Drink
water ;* Boivin, *Drinkwine ;* Auclair *Clear ;*
Boulanger, *Baker ;* Latraverse, *Crossing ;*
Chevalier, *Knight ;* Paradis, P*aradise ;* Du-
moulin, *Mill ;* Petit, *Small ;* Picard, *Pea-
body ;* Lamontagne, H*ill ;* Lecours, *Short ;*
Bienvenu, W*elcome ;* Lenoir, *Black ;* Mon-
dor, *Goldenhill ;* Vadeboncœur, *Goodheart ;*
Viens, *Cummings ;* Boisvert, *Greenwood ;*
Vachon, *Cowan ;* Santerre, *Noland ;* Chêne-

vert *Grœnoak;* Chevrefils, *Goatson;* Couture, *Seamster,* etc.

On en viendra bientôt à faire de: Phaneuf (fait neuf), *Makenine;* de Pierre Noël, *Stone Christmas!*

N'est-ce pas une manière aussi absurde que méprisable de laisser un nom de famille que plusieurs générations ont été fières de porter, pour en accepter un nouveau sans histoire, sans poésie et sans gloire? Traduit dans une autre langue, il a tout perdu son charme.

Ce qui est pis encore, c'est que ces transfuges à une autre race s'exposent à faire annuler des héritages et à causer de grands désagréments, peut-être même des pertes matérielles considérables à leur postérité.

Troquer son nom pour un nom de langue étrangère semble être une manie propre aux Canadiens-français. Il n'est pas de Russe ou d'Allemand, quelque cacophonique, guttural ou bizarrement épelé que soit son nom, qui se rende coupable de cette bévue. Les Chinois affichent leur nom tel qu'il est, appartiendraient-ils à la famille des "Lee — ung — Cheny"! Les Juifs même n'osent pas le faire. C'est ainsi qu'on voit sur leurs affiches, dans nos villes canadiennes, des noms comme ceux-ci: Jacobberg, Roboamberg, Mosesberg et.... Iceberg.

Cette suffixe en ''berg'' éveille dans mon souvenir la drôlatique conversation suivante entendue dernièrement.

C'est durant la campagne politique préparatoire aux élections provinciales qu'est ·arrivé le mémorable naufrage du ''Titanic'' allant s'éventrer contre un iceberg. Le lendemain des élections, un quidam, ayant confusément dans l'esprit des bribes de lectures de journaux parcourus durant la période de temps où ces deux grands événements sont arrivés, disait à son ami :

—Sais-tu qu'un Juif vient d'être élu député au Parlement de Québec?

—Tu me dis pas ça ! Comment s'appelle-t-il ?

—M. Iceberg.

—Contre qui s'est-il présenté?

—Contre un anglais, M. Titanic, et l'anglais a été battu à plate couture, à tel point qu'il en a perdu son dépôt! ! !

Un nommé ''Poulin'', de Woonsocket avait changé son nom en ''colt''. Comme il avait les oreilles un peu longues, des malins l'appelaient : ''Jackass''! (âne).

———

XI

L'anglicisme et les relations sociales.

Les relations sociales nous amènent aussi leur cortège hétéroclite d'habitudes et de mots anglais.

Anglomanie, l'usage d'adresser ses lettres ainsi : Mr Charles Labelle, Ecr. L'abréviation française de "Monsieur" est tout simplement "M." et non pas "Mr." "Madame" s'abrège ainsi : "Mme" et non pas "Mrs."

Le mot "Ecr" est une traduction du mot "Esquire", "Ecuyer" qui, dans le cas présent n'a aucun sens. Supprimons-le donc sans pitié.

Passons sous silence le "Five o'clock tea".

Parlons maintenant des relations entre amoureux. Dans ce domaine de la poésie et de l'idéal, il semble que Cupidon devrait chasser de ses flèches tout anglicisme, mot anglais ou habitude américaine. Point du tout. L'anglomanie à envahi le royaume de Cupidon, dieu de l'amour, comme elle a envahi le royaume du dieu Dollar.

Le jeune homme va voir sa "fille" (girl),
pour blonde, amoureuse.

Si l'amoureux est gentil, sa blonde dit
qu'il est "smart". S'il est enjoué, elle
dira qu'il est "game". S'il est aimable à
tous les points de vue, ce sera à son idée
un "fine young man." S'il est spirituel, elle
dira qu'il est "cute". Sa "darling", sa
"sweet-heart", seront les mots les plus fré-
quents que le jeune homme laissera tomber
de ses lèvres. Des lèvres de la jeune fille,
les mots : "dude", "lover", swell" tombe-
ront encore plus fréquemment. Si la jeune
fille courtisée est très jeune, l'amoureux
dira que·c'est une poulette du printemps
(spring-chiken). D'aucuns diront : "pou-
lette-à-ressort".

Si deux époux se conviennent très bien,
on dira qu'ils sont bien "matchés", (assor-
tis, accouplés).

Si le cavalier désire allumer sa cigarette,
sa blonde, en lui présentant une allumette,
dira : — "Can I match you ?"

En année bissextile surtout, elle espère
être comprise.

Je ne crois pas qu'il y ait de doute en
cela et cependant on dit tous les jours :
Un tel et une telle sont tombés (fall in)
en amour.

On dit aussi qu'un jeune homme regarde
"bien" (looks well), pour paraît bien ; qu'il
est *sport*, pour galant.

Anglicisme encore que le mot "introduire" dans le sens de présenter !

Dans les réunions mondaines on se permet souvent des "danses vives" (quickdance), pour danses tournantes ou danses à deux.

En Amérique, tout se résume, même le mariage, à la question "affaires". Voilà pourquoi, je suppose, on dit "payer" une visite (to pay a visit)à sa fiancée.

Parlez-nous aussi des "broken" (querelle, rupture) entre amoureux !

*
* *

Anglomanie déplorable, que l'habitude de prononcer à l'ànglaise les mots les plus français, tels que : "tell-phôône", tell'-graph"; "aut'mobeele", "gaz'leene", etc.

Anglomanie déplorable et disgracieuse que l'habitude de prononcer à l'anglaise la lettre "t" : Ttes ttombé", "tt'as ttort". Imaginez le baragouin de ces particuliers lorsqu'ils disent des phrases comme celle-ci "Ton thé t'a-t-il ôté ta toux ?"·

Anglomanie encore, la mode de donner aux enfants que l'on présente au baptême des noms comme ceux-ci : Henry, Willie, William, Walter, Johnny, Mary, Annie, Gertie, etc.

Anglomanie encore, la mode d'écrire la première lettre des jours du mois, et de la semaine avec des majuscules.

Anglomanie, l'usage d'écrire la première lettre de tous les mots d'une affiche, des en-têtes de lettres, des articles de journaux avec une majuscule : Nous Avons Du Bon Thé A Vendre, etc.

Anglomanie, l'habitude de faire précéder du mot "honorable" le nom des ministres; de faire suivre de la lettre M. P., le nom des députés; de faire précéder du mot "Révérend", le nom des prêtres catholiques.

Anglomanie que ces réceptions mondaines d'après-midi, avec long rapport sur les journaux, donnant la description de la toilette que portait chaque invitée.

Anglomanie, la façon de s'aborder en anglais, de se souhaiter le bonjour ou le bonsoir par un "Good day!" ou "Good night!" de remercier à l'anglaise par "Thank you!" ou de répondre au remerciement par le mot "Bienvenu!" (Welcome).

Anglomanie encore, l'habitude de s'adresser en anglais à des fils d'Albion qui peuvent parler notre langue.

Anglomanie inexplicable, que celle des Canadiens-français donnant un nom anglais à la compagnie dont ils sont les actionnaires.

Anglomanie, l'habitude de parler anglais entre Canadiens pur sang.

Anglomanie, la façon d'écrire en anglais

les affiches, annonces, réclames, en-têtes de lettre, de factures.

Anglomanie, la mode de faire précéder son nom de famille de deux ou trois initiales : J.-A.-R. Lariflette, au lieu, de Jean Lariflette. Les Français signent tout simplement : Raymond Poincarré, Henri Brisson, Emile Souvestre, et non pas : J.-E. Lamy, N.-R. Bazin, E.-S. Prud'homme.

———

XII

———

L'anglicisme et les journaux.

La situation particulière de nos cultivateurs les maintiendrait encore longtemps à l'abri de l'anglicisme, si les journaux ne venaient gâter la population agricole. Chaque semaine, le journal hebdomadaire apporte dans le foyer campagnard sa collection d'anglicismes, et réussit à enfoncer l'anglais dans la tête de nos meilleurs patriotes, comme les coups de marteaux répétés parviennent à enfoncer le clou dans le bois le plus résistant.

Si tel est l'hebdomadaire qui est rédigé d'une façon moins hâtive, que penser du quotidien, électriquement imprimé, rédigé et distribué?

Comme le torrent déchaîné, à la fonte printanière des neiges, s'élance des montagnes, emportant dans ses eaux beaucoup de boue à laquelle sont mêlées quelques parcelles d'or et d'argent; de même, le quotidien, tout en charriant de précieuses pépites d'or, roule aussi dans le flanc de ses colonnes, les eaux bourbeuses de l'anglicisation.

Ceci est facile à expliquer si l'on considère la façon expéditive avec laquelle nos journaux sont composés, rédigés et imprimés.

Le public est avide de nouvelles, et de nouvelles récentes, et c'est pour satisfaire cet ogre affamé que, dans les édifices d'un journal, éditeur, rédacteurs, typographes, pressiers, metteurs en page se bousculent et se précipitent. La population de nos villes tient à lire dans l'après-midi, les nouvelles qui se sont passées l'avant-midi, non seulement dans les pays voisins mais dans l'ancien continent. On veut savoir en un instant les nouvelles de tous les points de l'univers. L'esprit ne se contente pas d'absorber ces événements en gros, sans digérer, sans réfléchir, sans se les assimiler, il veut connaître jusqu'aux menus détails. La presse associée, anglaise ou juive, dirigera vers tous les points du globe ses électriques dépêches. Comme elles seront de langue anglaise, nos traducteurs s'essouffleront à la tâche et nous traduiront chaque jour sept ou huit colonnes de niaiseries, des non-sens épouvantables, et de monstrueuses erreurs historiques ou géographiques. Le journal doit paraître à telle heure. Le metteur en page alarmé réclame de la "matière" auprès du compositeur harassé, bataillant sur sa linotype et réclamant à son tour des rédacteurs la "copie" qui tout à l'heure s'étendra toute chaude et humide dans les colonnes du journal vomi à pleine bouche par les "monstres" huileux que sont les presses à imprimer.

De plus, comme bon nombre d'articles sont extraits de journaux anglais et livrés au public après la traduction, il est difficile que cette traduction hâtive ne se ressente pas de sa provenance originaire.

L'Américain est vantard. A l'entendre parler, tout, aux Etats-Unis, est supérieur à ce que l'on trouve dans les autres pays. J'ai entendu affirmer par un Américain que chez eux la lune est plus belle, plus lumineuse et que ses rayons sont plus doux et plus chauds qu'au Canada. L'Américain est le parrain, le père, le créateur du jaunisme.

Un heureux habitant de ce sol privilégié racontait un jour la hâblerie suivante.

Un ouvrier travaillait au vingt-neuvième étage d'un gratte-ciel de Chicago, lorsque tout à coup son échafaud croula et il partit pour un long voyage dans le vide. Pour un digne sujet d'Uncle Sam: "Time is money".

Cet Américain archi-pratique considérait comme perdu le temps employé à tomber. Aussi, comme tout bon voyageur qui veut utiliser son temps, en passant vers le quinzième étage, il sortit un sou de sa poche et acheta un bi-quotidien au dépôt de journaux qui y était installé, afin d'être au courant des dernières nouvelles. Notre particulier n'eut rien de plus pressé, avant d'atteindre le sol, que de parcourir la colonne des accidents de la journée. O stupéfaction! ce journal racontait sa chute et il eut l'étonnement d'apprendre qu'il était mort avant d'être allé s'aplatir dans la rue.

Cette boutade peint bien le caractère vantard de l'américain et son goût très prononcé pour le jaunisme.

Il est fâcheux que notre peuple ait pris le même goût.

Voici quelques-uns de ces anglicismes que, chaque jour, nos quotidiens nous servent tout chauds: *Editeur* (editor), pour rédacteur; *article éditorial*, pour article de fond ou premier-Montréal, premier Québec. premier -Sherbrooke, selon le cas; M. le député X. *a abusé* son adversaire (abuse), pour l'a insulté, injurié, etc.; *addition (addition)* à nos édifices, pour agrandissement; *addition*, pour supplément d'un journal; M. X. *a fait application* (to make application), pour a demandé la position de régistrateur; l'orateur *adressa* (to address) l'assemblée, pour harangua l'assemblée; *il est allé pour voir* (has been to see), le ministre; il circule des racontars *allant à dire* (going to say), etc., pour "le bruit court"; l'amalgamation, pour la fusion de deux sociétés d'affaires, *l'appointement* du candidat, pour la nomination du candidat au poste de, etc., il a été *appointé* capitaine, pour nommé capitaine; la *bande* (band), pour la fanfare. On peut dire: bande de fous, bande de nigauds, mais non pas bande de musiciens. On dit cependant: corps de musiciens.

Racontant les détails d'un incendie, le journal vous dit que le feu *origina* (prit) dans le *basement* (sous-sol); qu'il s'étendit ensuite à un *bloc* (pâté) de maisons; que la *boîte d'alarme* (alarm box), l'avertisseur ne fonctionnait pas; que les *hydrants* (bornes-fontaines) étaient à sec; il nous parle des *hoses* (boyaux), des *nozzles* (lances) des *pipes* (pipe) tuyau ou conduite; de la *brigade du feu* (fire brigade), corps des pompiers, etc.

Souvent, mais bien à tort le journal confond *office* et *bureau; combine* et *monopole; comité* des finances et *commission* des

finances; *complétion* (completion) et achè-
vement d'un travail; billet *complimentaire*
(complimentary) et billet de faveur; *con-
trôler* et dominer un incendie; avoir des
employés *sous son contrôle* et sous ses or-
dres; la *copie*, et l'exemplaire de tel journal; la *cut*, et la vignette de tel personnage. Pourquoi dire: le *dévoilement* (un-
veiling) pour l'inauguration d'un monument; on trouvera ce numéro dans la *file*,
(collection du journal); l'année *fiscale*,
pour *financière; tributs floraux* (floral tri-
butes) pour souvenirs mortuaires, couron-
nes, etc.; *entrepreneur de pompes fu-
nèbres* pour directeur de funérailles; nous
en verrons le résultat *dans le futur* (in the
future) pour` à l'avenir; Mlle X. *a gradué*
pour a été graduée; un incendie *incontrola-
ble* pour *dont on ne peut se rendre maître;*
payable par *installement* (instalment) au
lieu de payable par terme; pendant l'*inter-
mission* au lieu de pendant l'entr'acte; le
nouveau venu a été *introduit* (introduced)
au lieu de a' été présenté à l'assemblée;
prose journalistique (journalistic) pas français; le visiteur *a laissé (leave)* pour a quit-
té la ville.

Le journal vous dit encore sans pudeur:
Il a *délivré une lecture* (deliver a lecture),
pour a donné une conférence; sa carrière
légale (legal), pour sa carrière d'avocat;
un *motorman*, pour un garde-moteur; ce

savant *origine* (originate), pour est né en France; le fugitif a pris un *transfer*, pour une correspondance; compagnie de *transfert*, pour de transport; le maire *patronise*, pour favorise cette innovation; un *constable* (constablé), pour un agent de police; *police montée* (mounted police), pour police à cheval; *eau polluée* (polluted), contaminée; il a été élu *comme* maire pour Québec, (as mayor for), au lieu de: il a été élu maire de Québec; *prolongation*, pour prolongement d'un tracé; *promouvoir* (promote), pour favoriser les intérêts de la ville; les *provisions* de la loi, pour les dispositions de la loi; le *Révérend* X., qui ne se dit que pour les pasteurs protestants, au lieu de M. l'abbé X. qui se dit d'un prêtre catholique; les *spécifications* de la bâtisse, pour les devis de la bâtisse; il parla sur le *stand*, l'estrade; la municipalité a acheté un *steam-roller* (rouleau-compresseur), le tourne-clef (turnkey), guichetier de la prison; il *vient de l'avant* (come forward) pour le comté de Bonaventure, au lieu de il est candidat dans etc.; *obtention d'argent sous de faux prétextes* (false pretence), pour escroquerie; ce candidat *anticipe* (to anticipate), pour présage la victoire; condamné *au pénitencier pour la vie* (condemned to penitentiary for life), pour: détention perpétuelle; *créditer quelqu'un pour* (credit one for), au lieu de reconnaître, apprécier,

etc. ; dans l'opinion de (in the opinion of),
pour de l'avis de, etc. ; c'est dû au fait que
(owing to the fact), au lieu de : c'est dû à
ce que, etc.

XIII

L'anglicisme et la ferme.

On peut dire de notre bon habitant qu'il
parle anglais comme le Bourgeois Gentil-
homme de Molière faisait de la prose : sans
le savoir. A l'exemple de Chrysale, il préfère
"vivre de bonne soupe et non de beau lan-
lage". Que le journalisme, les profession libérales, le commerce, soient gangrenés par
le terme anglais cela s'explique, mais, ce qui
est incompréhensible, c'est que cet ennemi de notre race ait pénétré jusqu'au fond
de nos campagnes les plus canadiennes, dans
le château-fort de la langue française, pour
y exercer ses méfaits. Ecoutez un beau
langage !

Il a acheté à son *boy* (fils) une *waginne*
fine (voiture légère), pour aller voir sa

fille (girl). Cette *waginne* a un *top* (couverture) et des *rubber-tires* (bandages en caoutchouc).

Il a une bonne "*mare*" (jument) bien *feedée* (nourrie), capable de parcourir les chemins les plus *rough* (méchants) et de monter les côtes les plus *tough* (raides). Il n'est pas *steady* (persistant), il change souvent de blonde.

Il a *harnessé* le cheval pour aller à la *train* (aux chars), chercher un ami qui vient des *States* (Etats).

Au village, il arrêtera à la *post-office* pour *maller*, (déposer) une lettre. Qu'il n'oublie pas d'apporter des *stamps* (timbres).

Willie (Guillaume) en profitera pour s'acheter un *suit* (complet) ; son vieux *coat* est trop *tight* (petit) pour lui ; il a aussi besoin d'une paire de *boots*.

Il y a des bons *stores* (magasins) à la *town* (au village). Dans son voyage, il devra aussi faire *fill-upper* (remplir) son *can* (bidon) de *kerosene* (pétrole).

Tel marchand est un *shaver ;* qu'il l'évite.

Il devra aussi acheter du *screen* (toile métallique, moustiquaire), pour une porte et des châssis dont le *frame* (cadre) est prêt. Qu'il tâche de faire de bons *bargains* (marchés).

L'ineffable *Willie* apportera aussi des *overalls* (salopettes), une *mop* (vadrouille), une *can* (bidon) à lait ; des *gaiters*, bottines à élastiques; un *snap* (agrafe), un *rug* (paillasson), etc.

L'engin (moteur) à gazoline *travaille* (works), fonctionne bien; cela vaut mieux qu'un *horse-power* (manège). Pour le transporter il se sert de son *rack* (brancard).

A la fromagerie, il faut faire *tester* (éprouver) le lait que l'on met ensuite dans le *vat* (bassin).

Son *team* (paire) de chevaux noirs vaut mieux que son "*span*" (paire) blanc. Pour les atteler, il met une *pole* (timon) à sa *waginne*.

Pour arroser son jardin, il se sert d'une *hose* (boyau) reliée à une *pipe* (tuyau); l'hiver dernier, cette *pipe* (conduite) a "busté" (crevé).

A l'*exhibition* (exposition), son "horse (cheval) a "bitté" les autres.

Il a attrappé un *coup de soleil* à *shingler* (couvrir en bardeaux) sur le *roof* (toit).

Près de la *gate* (barrière), vous voyez sa charrue — *sulky* (à roues).

Maintenant que sa *shed* (remise) est terminée, il va monter la *shape* (charpente) de sa maison qu'il couvrira en *clap-board* (chanteau).

Ses animaux sont *fat;* il leur donne du bon *stuff* (fourrage).

Ses enfants ne sont pas des *loafers* (fainéants), ni des *bommers* (flâneurs), ni des *tramps* (vagabonds), *thank God!* (Dieu merci!)

Il a *jobbé* (entrepris) du bois et son' compte n'est pas encore *settlé*, (réglé).

Le chemin est r*ough;* il faudrait passer le *scraper* (gratteur); — dans sa *salle à diner* (dining-room), salle à manger, il y a un *side-board* (armoire); dans le *drawer* (tiroir) d'en bas il y a un *flask* (gourde, flacon), et un "tumbler", (verre à boire) pour *payer la traite* (pay the treat) aux *friends.*

Durant les élections, son voisin a attrappé un *black-eye* (œil au beurre noir) et s'est fait arracher le *pinch* (la barbiche).

Son cheval a *bolté* (filé) vers le champ. C'est un cheval *bucky* (rétif) qui sait le tour de *kicker* (ruer); il va mal sur le *buggy* et sur le *winch* (cabestan).

Près de la *pâtrie* (pantry, dépense), le *plastrage*, plâtrage est tombé.

Il a un beau *set* (ameublement) de salon, un beau *set* (service) de vaisselle et dans son salon il y a place pour un *set* (groupe) de danseurs.

A table, il y a les "beans" (fèves), le *beefsteak* (bifteck) et le *roastbeef* (rosbif).

Le moulin ne *travaille* (works), fonctionne pas; un *shaft* (arbre de couche) est brisé.

Quand il restait aux "States", il prenait des *walk* (marche) sur le *side-walk* (trottoir); sa maison avait une *room* (chambre) au *basement*, une avec un *sink* (évier) au deuxième *floor* (étage, plancher) et une autre au *garret*, grenier.

Ajoutons que ce langage absurde et baroque peut conduire à des équivoques surprenantes. L'an dernier, un *farmer* (cultivateur), venant des Etats-Unis, avait deux glais. Un bon jour, il leur dit d'aller chercher l' *mare* (la jument). Ils reviennent, devinez avec quoi?.... Avec le "maire" de la paroisse.

Un jour, une dame de la campagne alla visiter sa fille au couvent. Comme elle quittait sa fillette, elle la mit dans l'alternative suivante :

—"Eh ben! ma fille, fais comme tu voudras; si t'es "willing" de rester, reste; si t'es pas "willing", viens-t'en."

On demandait à une enfant d'école pourquoi elle était en retard après la classe.

—"J'ai "cleané" mon "desk", répond-elle avec assurance.

Sa mère reprochait à une fillette d'avoir usé sa robe un peu trop vite. Elle répond :

—A peut ben être usée; je te dis que je l'ai "runnée" (portée) c'te "riginne-là" (rigging) !

C'est difficile de faire mieux ou pire. Après celle-là, tirons l'échelle.

XIV

L'anglicisme et les chantiers.

———

Le chantier, encore plus que la ferme, a son répertoire de termes anglais et il a passablement réussi à angliciser nos bûcherons. Écoutez avec patience la barbare macédoine de mots interlopes qui compose le langage de l'homme des bois :

Le *boss* (contremaître, gérant), ordonne de former un *boam* (estacade flottante). La *drave* (flottage) va bien ; les *draveurs* (flotteurs) sont bien disposés. Leur principal instrument est le "canndog" (renard, levier à crochet). Leur hache est en *castille* (cast steel), acier fondu. Les *cullers*, (classeurs, mesureurs), doivent mettre de côté le bois de *cull* (rebut). *Scaler* (mesurer) et *scaleur* (mesureur) sont des termes quotidiens. De ces *logs* il fera des *slabs* (croûte ou dosse), du *shingle* (bardeau), du *clap-board* (chanteau) de la *board* (planche), des *edgings* (retailles).

Parlant d'une pièce de bois, le mesureur dira qu'elle a huit pouces à la "butt" et six pouces à la "top".

Etrange! Pourquoi ne pas dire qu'elle a huit pouces à la base et six pouces au sommet; ou encore, huit pouces au bas et six pouces au haut; ou encore, huit pouces au gros bout et six pouces au petit bout.

Swift, dans son "Voyage de Gulliver" au pays de Liliput, nous parle d'une race de nains qui, malgré leur taille infinitésimale, ont à lutter contre les passions qui agitent leurs petits corps. Il y a la dynastie des Bas-talons et des Haut-talons; celle des Grosboutiens et des Petitboutiens. Ces deux dernières nous intéressent spécialement. Les Grosboutiens prétendent que, pour manger un œuf, il faut le casser par le gros bout; les Petiboutiens soutiennent le contraire. Cette divergence d'opinion sur un sujet aussi insignifiant cause chez ce peuple une guerre sanglante d'au moins cinquante années.

Sans renouveler une guerre semblable, il me semble que nos mesureurs de bois pourraient bien dire d'une pièce de bois qu'elle a douze pouces au "gros bout" et huit pouces "au petit bout." Ce serait encore deux autres anglicismes réduits à quia et il y aurait accord entre les Grosboutiens et les Petitboutiens.

Le menu de l'homme des bois est assez simple. Voici sa "cookery": *Biskettes* (biscuits), *porridge* (soupane), *cannage* (conserves), *preserves* (confitures), *pickles* (marinades), *Johnny cakes* (gâteaux au maïs). Il ne faut pas non plus oublier la *plug* (palette) de tabac à chiquer, le *flask* (flacon) et les "*beans*" traditionnelles.

Je ne puis entendre prononcer le mot *beans* sans qu'il évoque dans mon esprit des réminiscences collégiales.

Au collège où j'ai fait mes études, il y avait un groupe de bons et sympathiques Irlandais; et, pour leur faire plaisir, on chantait de temps en temps à la chapelle un cantique en anglais. Je me rappellerai toujours ce passage de l'un d'eux:

O Holy Ghost, send down those "beams"

O Saint-Esprit! dirige vers nous tes rayons.

Il me semble encore entendre la voix affamée de mes confrères d'alors chantant:

O Holy Ghost, send down those "beans".

O Saint-Esprit, envoyez-nous des bonnes fèves!

Dans l'une de ses pièces de vers empreinte de mélancolie, Alfred de Vigny disait:

Dieu que le son du cor est triste au fond des bois.

En parodiant ce vers, nous pourrions dire aussi:

Que le Parler Français est triste au fond des bois.

XV

L'anglicisme et nos hommes de loi.

Par hommes de loi, il faut entendre les
députés qui fabriquent la loi, les notaires,
les huissiers, etc., qui l'appliquent et les
avocats qui, bien souvent, au lieu de l'in-
terprêter dans son vrai sens, semblent avoir
pour mission de lui donner un sens contraire
à l'intention du législateur.

Au Parlement, au barreau et dans l'étude des notaires, la prose qui se parle est
trop souvent, hélas! infectée du virus de
l'anglicisme.

Dans les livres bleus du gouvernement
fédéral, dans le Hansard ou "Officiel", on
trouve le plus indigeste mélange d'un grotesque charabia.

Malgré tout le respect dû à nos législa-
teurs, il faut bien avouer que peu d'hommes politiques parlent irréprochablement
leur langue et l'écrivent d'une façon con-
venable. Dans leurs tournées électorales,
ils s'adressent à la population campagnarde
et leur prose politique se fait le véhicule de
termes anglais.

Voici une collection des anglicismes dont ils émaillent leur prose :

"M. l'Orateur, j'ai le plancher" pour : M. le Président, j'ai la parole. "I have the floor" est une expression anglaise qui ne peut se traduire mot à mot. J'ai le plancher est un tour de force. Toujours le député a l'estime de ses concitoyens ; il peut avoir leur argent dans sa poche et leur intérêt dans le dos, mais, avoir le plancher du Parlement, c'est un peu fort.

Voici la "balance" de ma "plateforme", pour : le reste de mon programme.

Je le nie "emphatiquement", pour énergiquement. "Emphatically" veut dire : "avec énergie" ; emphatiquement : avec exagération et emphase, ce qui est loin d'être la même chose.

Le bill "en rapport avec", pour "concernant" les bons chemins.

Déqualification, (disqualification) pour "perte des droits politiques".

C'est "l'intention" de la loi, pour : l'esprit de la loi.

Les "démonstrations" de l'assemblée, pour : "manifestations" de l'assemblée.

Votre demande sera "prise en sérieuse considération", pour : sera mise sérieusement à l'étude.

M. le député a "introduit" un bill, pour "a présenté " un bill.

Un jugement "renversé", pour "réformé".

Le Maître-Général des Postes (General Postmaster) "adressa" une nombreuse assemblée, pour : ;Le Ministre des Postes adressa la parole à, parla devant, une nombreuse assemblée.

Un député "déqualifié", pour : rendu "inéligible".

"Député-ministre", pour sous-ministre.

Membre du Parlement (member), est un anglicisme ; il faut dire député à la législature.

"L'honorable X." est de l'anglomanie. Voyez-vous dans les journaux français : l'honorable Combes, Briand, etc ?

Les "voteurs" (voters) devront se rendre au "poll", pour : les électeurs devront se rendre au bureau du scrutin.

La "corporation" (corporation), pour la municipalité de Saint-Blaise.

Il a été "élu comme député", (elected as), pour : il a été élu député.

Je "concours dans l'opinion" (concur in) de mon collègue pour : je suis de l'opinion, etc.

Cette loi est "en force" (in force), pour en vigueur.

Je remercie mes constituants (constituents), pour : mes commettants.

"Checker" les listes, pour pointer les listes.

tort : boodlage, boodler, etc. A "faire du
capital politique", on doit préférer: "tirer
un avantage politique"; il en est de même
de "défranchiser" (disfranchise), priver
des droits politiques; "demander (ask),
poser une question au ministre; prendre des
démarches (take steps), faire des démarches; "estimé" (estimate), estimation
budgétaire; donner "franc-jeu" (fair play),
être juste, traiter loyalement, laisser les
coudées franches; "gerrymander", remaniement d'une circonscription électorale ;
"ignorer" (ignore), affecter de ne pas voir
un adversaire; "acte d'incorporation"
(incorporation act), pour constitution légale, ou autorisation d'une société; lettre-
morte (dead letter), lettre en rebut; office
des lettres mortes (dead-letter office), bureau des rebuts; élections locales (local),
provinciales; "mesure" (measure), projet
de loi; "s'objecter" (object), s'opposer à
une proposition; "opposer" (oppose), pour
s'opposer à un candidat; "opposer" (oppose), empêcher un député de présenter un
projet de loi; "Premier", pour Premier
ministre ou Président du Conseil des ministres; secrétaire "privé" (private), pour
secrétaire particulier; "résumer" (resume)
pour continuer la discussion; "round robbin", pétition en rond; "service civil" (civil
service), pour administration publique
etc.

"Ordre en conseil", pour : arrêté minis-
tériel.

Ce qu'on appelle communément : "Of-
ficier rapporteur", "returning officer", se
dit : Président d'élection.

"Accommoder" est un terme culinaire.
Nos légilateurs ont donc tort de passer des
lois pour "accommoder" (accommodate) le
public.

L'expression : bâtisses du Parlement",
(Parliament Buildings) sonnera toujours
mal. Dites donc : "Edifice du Parlement".

Vous dites que M. le député X..... a été
approché (has been approached) ! Est-ce
donc une bête féroce ?

C'est une faute de dire : des opinions
"anticipées", pour prématurées.

Etre "préjugé" (prejudiced) contre un
parti est un anglicisme. Dites : "prévenu".

Il en est de même de : "être en devoir"
(on duty), pour "de service"; "monter sur
le Banc" (Bench), pour : entrer dans la
magistrature; "passer une résolution"
(pass a resolution), pour adopter une proposition, etc.

Supporter (support) un candidat veut
dire : l'endurer avec patience et non pas
l'appuyer. "Backer" un candidat dans le
sens de l'appuyer est un semblable barbaris-
me.

Concussion est un mot qui semble ignoré
dans le langage politique; on lui préfère à

tort : boodlage, boodler, etc. A ''faire du capital politique'', on doit préférer : ''tirer un avantage politique'' ; il en est de même de ''défranchiser'' (disfranchise), priver des droits politiques ; ''demander (ask), poser une question au ministre ; prendre des démarches (take steps), faire des démarches ; ''estimé'' (estimate), estimation budgétaire ; donner ''franc-jeu'' (fair play), être juste, traiter loyalement, laisser les coudées franches ; ''gerrymander'', remaniement d'une circonscription électorale ; ''ignorer'' (ignore), affecter de ne pas voir un adversaire ; ''acte d'incorporation'' (incorporation act), pour constitution légale, ou autorisation d'une société ; lettre-morte (dead letter), lettre en rebut ; office des lettres mortes (dead-letter office), bureau des rebuts ; élections locales (local), provinciales ; ''mesure'' (measure), projet de loi ; ''s'objecter'' (object), s'opposer à une proposition ; ''opposer'' (oppose), pour s'opposer à un candidat ; ''opposer'' (oppose), empêcher un député de présenter un projet de loi ; ''Premier'', pour Premier ministre ou Président du Conseil des ministres ; secrétaire ''privé'' (private), pour secrétaire particulier ; ''résumer'' (resume) pour continuer la discussion ; ''round robbin'', pétition en rond ; ''service civil'' (civil service), pour administration publique etc.

*
* *

Le langage du Palais de Justice est aussi alourdi de termes anglais que le langage parlementaire. L'on y emploie sans scrupule les mots ou expressions suivantes:

"*True bill*", pour: Accusation fondée"; "*no bill*", pour: accusation non fondée; "*assaut* (assault), pour: "voies de faits; "*filer*" une preuve, pour "déposer" une preuve au dossier; erreur *"cléricale"* (clerical error), pour erreur de copiste; "*faire apologie*" (make apology), pour : s'excuser auprès de son collègue; *s'objecter* (to object), pour: s'opposer à un témoignage; "*incorporé*", pour: constitué en corporation; le juge "*monta sur le Banc*" (bench), pour: prit son siège, ce qui est plus décent, surtout pour un juge; "prendre" (to take), pour intenter une action; "*mépris de cour*" (contempt of court), pour: "injure ou résistance au tribunal"; "changement de venue", (change of venue), pour: "distraction de juridiction"; "charge" du juge, pour: résumé des débats"; "charge", pour "réquisitoire" de l'avocat de la Couronne, ou mieux, le substitut du Procureur-Général; indictment", pour: acte d'accusation; "plaider coupable", (to plead guilty), pour se reconnaître coupable; "plaider non coupable", (to plead not guilty), pour: nier sa culpabilité; admission (admission), pour: aveu d'un crime; "aviser (advise) quelqu'un à plaider pour: lui conseiller de plaider; "boite aux témoins" (witness-box), pour: Banc des témoins; "conviction" (conviction), pour: démonstration de la culpabilité de l'accusé; répondre "dans l'affirmative" (in the affirmative), pour: affirmativement; "amener" (bring) produire la preuve; "batterie", (battery) pour: coups et blessure; "assaut indécent" (indecent assault), pour attentat à la pudeur; l'accusé à la barre (bar), pour l'nculpé, le prévenu; "conspiration", pour complicité; prisonnier "déchargé" (discharged), pour: libéré; "défalcation" (defalcation), pour concussion; "député-shérif", pour: sous shérif; "fansse arrestation", (false arrest), pour: arrestation illégale; "forger" (forge), pour: contrefaire, imiter une signature; "informalité" (informality), pour vice de forme; "grand jury", pour: jury d'accusation; "petit jury", pour: jury de jugement; "passer" (pass), voter une loi; passible d'une "pénalité" (penalty), d'une amende; extrait des "records" (record), registres; référer (refer), renvoyer à un dossier; "renverser" (reverse), casser un jugement; "recevoir" (receive), entendre sa sentence; "subpœna", assignation (cour civile), citation (cour criminelle); "terme" (term), session de la cour; "transquestionner", (contre-interro-

ger un témoin; "warrant de recherches",
(search warrant), mandat de perquisition;
"writ", ordonnance ou assignation; *servir*,
(to serve), assigner une sommation, etc.

XVI

Pot=pourri d'anglicismes.

Sous ce titre, je fais défiler toute une ky-
rielle de mots qui ne peuvent se ranger
dans les catégories précédentes.

Trouble, en français, a une signification
très restreinte; en anglais, on l'emploie dans
une multitude de significations des plus
plus disparates. Ce mot, en français, signifie: agitation tumultueuse d'une assemblée; désunion dans une famille; agitation
du cœur et de la conscience et n'a aucun
autre sens dans la langue de Molière.

Les expressions :"Etre dans le "trouble";
il s'est donné du "trouble" pour ses enfants; sa visite leur a causé du "trouble";
je vous "sauverai" (to save) du "trouble"
(de la peine, des désagréments), sont des
anglicismes tout crachés.

Il en est de même des expressions : "Ah ! monsieur, c'est trop de trouble !" ou, "Je vous troublerai (I shall trouble you) pour du pain, de la soupe, des confitures, etc."

Même abus dans cette phrase : "Je vous remercierai (I shall thank you for) pour le sucre. Dites donc tout simplement "Veuillez me passer du sucre."

Que pensez-vous de l'expression : "Toffer" (tough), supporter une opération ? le froid ? la chaleur ?

Une fillette dit :—Mon chapeau est "pareil comme" (such as) celui de ma sœur. "Semblable à" ne serait-il pas préférable ?

Sous prétexte d'être gracieux on dit à une personne absente depuis quelque temps : "Nous vous avons manqué" (We have missed you). Si l'on considère que "manquer" quelqu'un, c'est ne pas réussir à lui faire du tort quand on le désirerait, l'expression ci-haut mentionnée est loin d'être une galanterie.

Claire a marié (married) Louis. En voilà encore un autre. Un prêtre marie deux fiancés ; un père peut marier sa fille ; mais quand il s'agit de sa fiancée, on se marie avec elle ou on l'épouse.

Encore quelques autres : *Accommodations* (accommodation), dans le sens de confort, espace, commodités, logement ; une *drill* (foret), pour percer la pierre ; *driller* (forer) la roche ; une *tow* (remorqueur) ;

élévateur (elevator), ascenseur; comment *êtes-vous* (how are you), pour: Comment vous portez-vous?; *factrie* (factory), manufacture; second *flat*, second étage; *foxer* (to fox), renarder, faire l'école bussionnière; une *gang* (équipe) d'hommes; *Coquelin-senior, Coquelin-junior*, pour Coquelin Aîné, Coquelin Cadet; le jeu de *Lacrosse*, pour jeu de Crosse; un homme *mean* (petit, vil); un *meeting* (assemblée, réunion; *mitaine* (meeting), réunion protestante, dites: conventicule; *moi pour un* (I for one), pour: Quant à moi; *paper-clip* (pince-notes); *partner*, partenaire; *ami personnel* (personnal friend), ami intime; le *railing* (garde-fou) d'un pont, (balustrade) d'un balcon; (rampe) d'un escalier; le *rond* (rink) de course, se dit: la piste; le *rond* à patiner: la patinoire; *surloin*, surlonge; *scrap-book* album à découpures; *somerset*, culbute; *souhaitez*-vous (do you wish?) de la viande?; *sous* (under), considération, pour en considération; pêche à la *troll*, pour: à la cuiller; donne-moi mon *cap*, pour casquette, chapeau; *congress*, bottines à élastiques; *premier nom* (first name), nom de baptême; *tip*, T. I. P., c'est-à-dire *To Insure Promptness*, se dit en français: pourboire; *landry*, (laundry), buanderie; le *postage*, pour le "port"; "usez-vous" (do you use) de la viande? il a *parti* (start) un magasin: méfiez-vous des choses qui "par-

tent'', comme, par exemple, des pétards;
il a eu de la *bad luck*, malchance; il est
plucky (courageux); *sécurités* (securities),
garanties; une pluie *steady*, (persistante);
clairer (to clear), ouvrir un chemin; *plâtreur*
(plasterer), plâtrier; *fuse* (fusée); ''gang-
way'' (planche volante); *investigations*
(investigations), perquisitions; la ''rule''
(règle) d'aujourd'hui; *General Store*, magasin; *cuffs*, manchettes; *cross-er la street*,
traverser la rue; la *contrée*, pour la campagne; *cráákers*, biscuits.

*
* *

Chaque métier ou profession a ses termes particuliers.

Le médecin: ''rupture'' (hernie), ''lock-
jaw'' (tétanos); ''plaster'' (taffetas gom-
mé), etc.

Un autre anglicisme médical, c'est:
Huile de Castor (castor oil), qui ne pro-
vient nullement de l'industrieux mammi-
fère dont elle porte le nom. C'est tout simplement de l'huile de ricin. Ce mot se dit
en anglais ''Castor bean''.

Le boulanger: ''Buns'' (petits fours);
cake (gâteaux); yeast, (levain); fancy-
bread (pain de gruau); ''lady's fingers'',
biscuits-à-la-cuiller.

L'électricien : "fuse" (coupe circuit ou plomb fusible) ; "switch" (interrupteur ou commutateur), etc.

Le photographe : *film*, pellicule ; *snapshot*, instantané ; au *flash-light* (au magnésium).

A force de mêler le français et l'anglais, les personnes peu instruites en viennent à confondre l'un et l'autre et à ne plus savoir si tel et tel mots sont français ou anglais.

Un particulier de cette trempe faisait des gorges-chaudes au sujet des Québeccois, disant que nos concitoyens de la Vieille Capitale ne savent presque plus le français :

La preuve, dit-il, c'est qu'ils disent "*déménager*", pour "*mouver*".

A un autre on demandait comment on dit le mot "fun" en anglais.

—Il faut prendre le mot français "fun" car les Anglais n'ont pas de mot signifiant "plaisir", répond notre pédant avec un imperturbable aplomb :

En demandant l'aumône, un père de famille expliquait ainsi sa pauvreté :

—Si je suis *hard-up* (sans argent), c'est parce que j'ai été *slaqué* (congédié). Mon "*boss*" (patron) est devenu "*hare*" (en colère) et m'a *clairé* (clear).

Un cocher faisant son Pic de la Mirandole, montrait un jour à un habitant les curiosités de Montréal.

—Ça dit-il, c'est la colonne Nelson. En français, ça s'appelle le monument Jacques-Cartier.

Une maisonnée d'enfants avaient été passer quinze jours à la campagne. Quand ils revinrent, la maman était "ben fachée" de voir comme ils s'étaient anglicisés pendant les vacances. Imaginez-vous qu'ils disaient : "Huile de charbon" au lieu de "*coal oil*", comme les bons patriotes de la ville !

Paye la *traite* (treat, tournée). Peux pas, je suis *cassé* (broken), sont des expressions malheureusement trop courantes.

A X....., il y a une compagnie qui porte le nom de "Cie Hydraulique du St-François". Les habitants de ce village l'appellent : "La *dam* (chaussée) Hydraulique".

Un veuf d'une paroisse voisine, en mal d'un quatrième mariage, aborde un jour un citoyen de X.....

—C'est chez vous, dit-il, qu'il y a une "dam" hydraulique ?

—Oui, monsieur, la connaissez-vous ?

—Non, mais j'en ai ben entendu parler ; il paraît qu'elle donne de l'ouvrage à beaucoup d'employés. Elle doit être riche ?

—Oui, passablement.

—Pensez-vous que cette Madame Hydraulique épouserait un jeune veuf comme moi qui a de quoi la faire vivre ? demande-t-il d'un ton inquisiteur.

Un éclat de rire fut la réponse.

Si nos gens appelaient les choses par leur nom : un chat, un chat ; une chaussée, une chaussée, de semblables quipropos n'arriveraient pas. Notre bonhomme n'aurait pas pris le Pirée pour un homme et une chute d'eau pour une veuve bonne à marier !

D'aucuns parlent un anglais affreux et se croient des phénix. Aussi, leurs gaffes abondent.

Un professeur de physique, qui se croyait ''ferré'' en anglais, expliquait un jour à ses élèves, dans la langue de Milton, les détails d'une machine pneumatique. Tournant la manivelle et s'adressant à la classe :

—''Gentlemen, dit-il, notice at first that this machine is moved by a ''crank''.

Comme on le sait, ce mot est équivoque et signifie en anglais : *Manivelle* et *imbécile;* c'est de là que vient le mot *craqué* (cranky).

''That's all right ! s'écrièrent les loustics de la classe en se tordant de rire. Des deux sens, ils avaient choisi le dernier.

Le professeur crut que c'était ses lumineuses explications et non pas son anglomanie qui lui avaient attiré ces marques d'approbation dont il ne saisissait pas l'ironie.

XVII

Tort des manufacturiers et des commerçants.

————

Les exemples donnés dans les pages précédentes sont plus que suffisants pour démontrer que notre langue est gangrénée par l'anglicisme et qu'il est opportun de trouver le vaccin préventif de cette vérole qui défigure notre langue comme la petite vérole défigure et enlaidit les visages les plus gracieux.

Les manufacturiers qui dirigent leur commerce sous un nom exclusivement anglais, alors que leur clientèle est absolument canadienne-française, sont aussi anti-canadiens qu'ils sont injustes envers leurs compatriotes. Leurs annonces, catalogues, correspondances devraient au moins être en deux séries : série anglaise et série française. Serait-il raisonnable de faire souffrir toute une clientèle française pour une couple de clients anglais ?

Ils ont tort d'étiqueter en anglais seulement le nom des marchandises et leur prix. Les manufacturiers de toutes sortes d'articles semblent ignorer le français dans le nom qu'ils donnent à ces articles. Pierre Homier dit avec raison qu'il est triste de voir les enfants épeler péniblement des mots anglais sur les meubles, le poêle, les outils, les parures, le papier à lettre, les cahiers de classe et jusque sur les biscuits et les bonbons qu'ils vont manger. Ces faits peuvent paraître de peu d'importance, mais leur influence sur une âme d'enfant est profonde. Ils l'habituent à considérer la langue française comme un objet vieilli, démodé, inutile, et l'impression reçue n'est pas lente à porter ses fruits.

A égalité d'avantages financiers, les bons patriotes devraient toujours choisir les marchandises françaises et faire leurs achats dans les magasins où le français est en honneur.

Dans une ville canadienne-française des Etats-Unis, un magasin dont presque toute la clientèle était de langue française, n'avait pas un seul commis parlant cette langue. Des patriotes, un jour, jouèrent un bon tour au patron. Plusieurs se réunirent et décidèrent d'aller, les uns après les autres, demander en français seulement ce dont ils avaient besoin. Comme on ne leur répondait qu'en anglais, ils tiraient la révérence au commis et allaient acheter ailleurs. Le propriétaire du magasin, en homme d'affaires, s'aperçut de la diminution rapide de sa clientèle, et, au bout d'une semaine, il avait deux commis de langue française. C'était une position assurée à deux de nos compatriotes et le plaisir, pour les acheteurs, d'être bien compris et d'être servis à leur goût.

Nos gens ont tort encore d'employer l'anglais au téléphone. En n'employant que le français, ils obligeraient ces compagnies à avoir des opératrices bilingues et, comme les Anglaises ont le tort de ne pas savoir le français, ce serait autant de positions assurées à nos concitoyennes.

Dans les grands magasins de nos villes, les commis ont des salaires proportionnés aux ventes qu'ils font. Quand nous employons l'anglais au lieu du français, nous arrachons le pain de la bouche de nos frères pour le donner aux autres et nous diminuons d'autant le prestige de notre race.

On dit que les Canadiens-français ne sont pas des hommes d'affaires. Pourquoi? C'est la faute des marchands et des manufacturiers canadiens-français; affiches, annonces, réclames, comptabilité, correspondance, tout est à l'anglaise. Ces gens se font passer pour des fils d'Albion.

Leur talent commercial tourne au profit de la race anglaise. J'ajouterai même qu'il est au détriment de la nôtre ; car, en nous enlevant un bien qui nous appartient pour le donner à une autre race, il nous met dans un faux semblant d'infériorité, d'autant plus trompeur qu'il est plus apparent aux yeux de ceux qui ne voient que la surface des choses.

———

XVIII

Le remède au mal.

———

Le mal est réel, évident ; il crève les yeux. Où trouver le remède ?

Surveillons d'abord notre langage. Chassons-en impitoyablement le mot anglais, la tournure anglaise, l'anglicisme.

Ne laissons pas dormir nos dictionnaires dans la poussière ; consultons-les au besoin.

Corrigeons fraternellement ceux qui, sur ce point, sont trop insouciants. Si nos gens de la campagne sont excusables, que penser des personnes instruites qui baragouinent un algébrique mélange d'anglo-français ? Elles forment la classe dirigeante et doivent donner le ton; et, pourtant, elles parlent plus mal que les personnes qui n'ont pas eu l'avantage de s'instruire. Si, dans une réunion d'hommes instruits, chacun s'engageait à payer une amende de cinq sous pour chaque anglicisme échappé au cours de la conversation, cela constitueràit, dit un subtil observateur, à la fin de la veillée, une somme suffisante pour faire l'emplette d'une bonne grosse boite de cigares.

Il faut garder notre langue, et le meilleur moyen de la garder, c'est de la bien parler: dans la vie sociale, au foyer, dans les conversations amicales, à la gare, à la poste, au magasin, partout.

Un jour, un Européen de passage en Chine, voulut se faire confectionner un habit. Il prit son vieux vêtement, le porta chez un tailleur chinois et lui demanda d'en faire un semblable. Le fils du Céleste Empire suivit à tel point l'ordre du voyageur européen, qu'il mit sur l'habit neuf trois taches de graisse, comme sur le vieux, et qu'il fit des déchirures au même habit afin de pouvoir y mettre des pièces, comme à l'ancien.

C'est l'exemple de nos faux patriotes, trouant le gracieux vêtement de notre langue pour le rapiécer d'une étoffe étrangère, mettant de côté le drap précieux dont elle se compose et le remplaçant par des pièces bigarrées et burlesques.

Il ne faut pas classer parmi les anglicismes et les mots à extraire de notre langue, certains vocables anglais qui n'ont pas de mots français équivalents ou qui donnent à l'idée un sens plus précis. Tels sont : *Rugby, lawn-tennis, tramway, lunch, stopper, buggy, interview, bluff, bill, poll, steamer, ale, break*, (voiture), *clown* et *clownesse, coaltar, cold-cream, groom, quaker, reporter, interview, schooner, sloop, speech, spleen, square, starter, steeple-chase, sterling, tender, yacht*, etc., que le dictionnaire Larousse ou la grammaire Ragon reconnaissent comme étant adoptés dans la langue française. Du moment que la grammaire les accepte on peut les employer sans scrupule. Il faut tout de même, d'après Ragon, préférer le mot français s'il équivaut ou correspond au mot anglais. Préférons donc : réunion à *meeting*; monde élégant à *fashionnable*, canotage à *yachting*, canotier à *yachtman*, mécanicien à *watman*, chemin de fer à *railway*.

"Que ceux des nôtres, dit Tardivel, qui ont réellement besoin d'apprendre l'anglais, l'apprennent; qu'ils l'apprennent bien. Cependant qu'ils apprennent d'abord le français et que le français reste toujours leur langue maternelle, leur vraie langue. Soyons convaincus que Mgr Laflèche, ce grand

Canadien-français, avait raison de dire qu'il n'aimait pas à entendre ses compatriotes parler l'anglais sans au moins un petit accent français. - Le mot est profond et renferme un grave avertissement.''

Ce n'est pas à dire qu'il faille négliger l'anglais. Loin de moi une telle prétention. Le Canadien-français doit savoir les deux langues, surtout s'il se destine au commerce ou aux carrières libérales.

Avec l'usage des deux langues, nous parviendrons à des sommets, qu'en ce pays, l'Anglais unilingue ne pourra jamais atteindre.

''Un homme qui ne sait qu'une langue n'en vaut qu'un ; un homme qui sait quatre langues en vaut quatre,'' disait Frédéric-le-Grand.

''Un homme qui sait plusieurs langues, dit Sulte, a des manières de penser, des nuances d'idées, des tournures d'expressions, une justesse de perception qu'il n'aurait pas, s'il ne savait qu'une langue. Son fonds d'idées est augmenté de tous les mots qui ne peuvent être traduits et il y en a beaucoup.''

Les Anglais du Canada ont une mentalité étrange. Ils ne semblent pas comprendre l'avantage qu'il y aurait pour eux d'étudier la langue française. Tout dernièrement, un député canadien-français a fait à Londres, dans une réunion d'une trentaine d'importants personnages politiques, un assez long discours en français. Un journal de Montréal, qui nous rapporte ce fait, ajoute que tous les assistants, la plupart, des Anglais d'Angleterre, l'ont très bien compris, sauf deux, dont l'un était un Anglais du Canada. Et M. Bonar Law, le chef de l'opposition au parlement de Westminster, a répondu à ce discours français par un autre discours français, de vingt minutes.

Au Canada, — à Montréal, à Ottawa ou à Toronto, — dans une pareille circonstance, les neuf-dixièmes des convives anglais n'auraient pas compris un mot, et peut-être ne se fut-il pas trouvé là quelqu'un d'eux capable de répondre en langue française.

Et pourtant, si les Anglais d'outremer prennent la peine d'apprendre le français au point de pouvoir le parler en public, qu'est-ce qui empêche leurs frères d'ici d'en faire autant? Ne serait-ce pas un acte de sagesse de leur part, s'ils faisaient la même chose?

Dangers de l'heure présente.

———

Le danger de l'heure actuelle, s'il n'est pas imminent, n'en est pas moins à craindre. Ce ne sont pas les dangers les plus retentissants qui sont toujours les plus à redouter. Notre peuple ne perdra pas sa langue tout à coup : c'est lentement, graduellement, à force de lâches concessions que ce malheur arrivera. ''C'est, dit Lionel Montal, pour n'avoir pas attentivement veillé sur les mille et un détails souvent insignifiants pris séparément, mais qui forment un tout formidable, qu'un jour la dernière génération des Canadiens-français en Amérique soudera le dernier anneau de la tradition nationale et écrira la dernière page d'une histoire que sa postérité lira dans une langue étrangère.''

Notre langue n'a pas de pires ennemis que nous-mêmes, et, si le français doit disparaître du Canada, c'est par nous qu'il aura été mis à la porte. Nos ennemis com-

prennent bien l'exactitude du proverbe:
"Plus fait douceur que violence" et c'est
en l'appliquant contre nous que depuis
cinquante ans ils ont réussi à obtenir des
concessions qu'ils n'auraient jamais obte-
nues à coups d'ukases ou à la pointe de
l'épée. Attaquée au Parlement, notre langue a toujours eu de vaillants défenseurs.
Qu'il suffise de mentionner les Papineau,
les Bédard, les Morin, et Sir Louis-Hyp-
polite Lafontaine qui disait devant la Chambre des Communes ces paroles d'un vrai
patriote : — "Je vais parler en français....
pour deux raisons : d'abord, parce que l'anglais ne m'est pas familier; ensuite, pour-
rais-je parler mieux en anglais qu'en français, que je parlerais encore français parce
que c'est la langue que Dieu et ma mère ont
mise sur mes lèvres."

La France a laissé au Canada ce qu'elle
avait de plus précieux : sa religion et sa
langue.

Cette langue, nous l'avons religieusement
conservée. Il y a un siècle et demi, elle
était parlée à peine par soixante mille Canadiens; aujourd'hui, elle est devenue la
langue maternelle de trois millions de su-
jets. Si elle a survécu aux sourdes et
perverses machinations d'un groupe ennemi,
ce n'est certes pas pour finir lamentable-
ment, enlisée dans l'anglicisme, ou, assassi-
née par des co-religionnaires.

"Que l'on ne voit pas, dit Chapais, des pères et des frères dans la foi du Christ, essayer de tuer sur des lèvres canadiennes-françaises le verbe évangélisateur, civilisateur et libérateur de Brébœuf et de Jogues, de Jolliet et de Marquette, de Marguerite Bourgeois et de Marie de l'Incarnation."

"Depuis déjà plusieurs années, disait Mgr Roy, au Monument National de Sherbrooke, on a répandu, de façon à faire accréditer cette parole, que la langue française va mourir dans l'Amérique du Nord, que la langue française est bien malade et qu'elle se prépare à se faire de joyeuses funérailles. Nous ne sentons pas assez ce qu'il y a pour nous d'humiliant dans des prophéties semblables. Si nous avions plus de fierté nationale, nous ressentirions l'insulte colportée jusque dans cette Province; nous saurions comment renvoyer ces oiseaux de mauvais augure, qui sont peut-être des oiseaux de proie, croasser dans un autre pays.

Mais, si nous faisons un examen de conscience, nous voyons que ces prophéties sont appuyées sur nos propres lâchetés, nos trahisons, nos propres abandons de la langue nationale. Je comprendrais peut-être cette prophétie s'appliquant à la région des Grands Lacs où nos pères ont passé par tant d'épreuves, pour la Nouvelle-Angleterre, mais je comprends moins que nous laisserions faire cela sans protester. Et cependant c'est nous qui donnons une apparence de bon sens à ces prétentions.

Laissez-moi, ajoute-t-il, dénoncer cette méprisable littérature du commerce et de l'industrie qui, chez nous, a tué le français. Si je pouvais arracher cette littérature mensongère qui nous montre lâchement asservis à un maître, qui nous démontre faussement que nous ne pouvons pas faire d'affaires, sans que ce soit en anglais! Que voulez-vous que les étrangers disent de nous quand ils viennent à Montréal, par exemple, et qu'ils lisent cette littérature du commerce? Je comprends qu'il faut savoir de l'anglais, mais il faut d'abord savoir du français.... C'est en cédant à des faiblesses comme celle-ci que nous accréditons l'impression que le français se meurt.''

Les assises de notre langue sont fermes et solides, pourvu que nous ne souffrions pas que les mots formant les pierres qui composent sa structure, soient remplacés par des mots étrangers.

Notre langue ne s'éteindra pas de mort naturelle. La merveilleuse fécondité de notre race lui assure encore de nombreux siècles de vie. Sur les bords du Saint-Laurent, les maisons étant ''trop petites pour des familles trop nombreuses'', nos frères par la langue maternelle autant que par le cœur et la foi, se sont répandus rapidement, et ont aujourd'hui la majorité dans des comtés où, il y a vingt-cinq ans, dominaient la race et le génie britanniques.

Les lois adverses ne sont pas à craindre ; j'ajouterais même qu'elles seraient peut-être à désirer. L'homme est ainsi fait qu'il apprécie peu ce qu'on ne lui dispute pas. Jamais le Canadien-français est aussi patriote que lorsqu'on veut lui contester ses droits. Il se redresse avec énergie pour défendre ce qu'en temps de paix il cède à profusion et sans mesure. Depuis cinquante ans, nous avons fait trop de concessions.

Nos frères des Etats-Unis, de la Nouvelle-Ecosse, d'Ontario ont à défendre leur langue contre des ennemis du bilinguisme et, pour la défendre, ils se lèvent avec une ardeur telle qu'ils compromettent malheureusement leur salut et leur religion.

La lutte les enflamme, tandis que l'inertie nous fige et nous glace.

En conservant notre langue, conservons notre foi.

Dieu possède éminemment le sens des proportions et des harmonies. Considérant la langue française comme l'une des plus belles qui existent et voyant notre pays si beau, il a voulu qu'il fût découvert par des explorateurs de langue française afin que des noms appropriés soient donnés à toutes ces merveilleuses beautés. Il fallait les noms français pour désigner le fleuve Saint-Laurent, la rivière Richelieu, les lacs Saint-Louis, Saint-Pierre ; il fallait des noms français pour nommer le lac et la rivière Saint-François qui ajoutent à nos Cantons de l'Est un cachet idéal de beauté pittoresque.

Conservons bien cette langue dont la Providence nous a si généreusement gratifiés, faveur dont nous devons chaque jour la remercier. C'est à elle que nous devons notre foi religieuse. Au dix-septième siècle, trois

peuples différents sont venus en Amérique.
Les Espagnols se sont arrêtés aux mînes
d'or du Mexique; les Anglais se sont conten-
tés d'établir des comptoirs de commerce
dans la Nouvelle-Angleterre et de faire la
traite des fourrures à la Baie d'Hudson.
Anglais et hardis aventuriers ont suivi les
missionnaires français, perçant les profon-
deurs des déserts et des forêts pour y
répandre le christianisme et la civilisation,
et d'une main avide, ils ont recueilli les
richesses si noblement dédaignées par ces
religieux, civilisateurs avant que d'être con-
quérants.

Des pessimistes prétendent que notre langue est destinée à disparaître et que la race
canadienne-française sera infailliblement
noyée dans les races étrangères qui nous
inondent.

Si, comme le croassent ces corbeaux de
malheur, la barque de notre nationalité se
heurte contre la banquise de l'anglicisation, nos concitoyens seront aussi héroïques
que les musiciens du "Titanic".

Lorsque le flanc du géant des mers se
déchira contre la fatale banquise, les musiciens restèrent à leur poste, et les derniers
soupirs du "Nearer my God to Thee" se
perdirent lugubrement dans les flots con-
sternés.

Une semblable catastrophe nous serait-
elle réservée, que, à leur exemple, comme

de bons soldats du devoir, nos compatriotes sauraient maintenir leur position jusqu'au bout et faire résonner jusqu'à engloutissement complet dans les flots glacés, les harmonies mélodieuses de leur langue maternelle,

Mais, faisons fi de ces faux prophètes! Laissons-les à leurs sinistres prédictions. Vivons d'espérance! Ils en seront quittes pour l'inanité de leurs hululements dans la nuit de notre avenir, quelque peu agitée, il est vrai, mais sans tempête.

Gardons jalousement cet idiome dont la Providence nous a fait cadeau. Lorsque Cartier mit le pied sur le sol canadien, il y planta une croix sur laquelle il inscrivit en belle langue française: "Pour Dieu èt le Roi de France."

Cette croix, elle est encore debout, ferme et solide, parce qu'elle a notre langue pour appui. Chacun sait cependant que le jour. où le doux parler de nos aïeux aura fini de retentir dans notre Province, "les clochers d'argent de nos églises échelonnées sur le bord du Saint-Laurent auront fini de se mirer dans les eaux du grand fleuve."

Il ne tient qu'à nous de la conserver pure de tout alliage, cette langue bénie, flambeau de la civilisation sur le sol. d'Amérique. Elle vivra! Durant des siècles encore, le doigt des flèches de nos églises indiquera à nos arrière-neveux, le Ciel veillant sur les destinées de notre race, afin qu'elle continue sur cet hémisphère, absorbé dans le matérialisme, la soif de l'or et des jouissances, *les Gestes de Dieu par les Francs:*

GESTA DEI PER FRANCOS.

FIN

TABLE DES MATIERES

CPSIA information can be obtained
at www.ICGtesting.com
Printed in the USA
BVHW04*1209180918
527831BV00013B/872/P